(Concernant la Couverture)

LA CHANSON
DE
L'ENFANT

PAR

JEAN AICARD

Huitième édition

RONNÉ PAR L'ACADÉMIE FRANÇAISE

PARIS

LIBRAIRIE FISCHBACHER

Société anonyme

33, RUE DE SEINE, 33

Tous droits réservés.

LA CHANSON
DE L'ENFANT

OUVRAGES DU MÊME AUTEUR :

Visite en Hollande. — Ouvrage orné du portrait de l'auteur, par Félix Régamey. 3ᵉ édition. 1 volume in-18 soleil (G. Fischbacher, éditeur) . 3 fr. 50

Poèmes de Provence. — *Les Cigales.* — Ouvrage couronné par l'Académie française. Un volume in-18 jésus (G. Charpentier, éditeur). . . . . 3 fr. 50

Miette et Noré. — 4ᵉ édition. Ouvrage couronné par l'Académie francaise. 1 vol. in-18 jésus (G. Charpentier, éditeur). . . . . 3 fr. 50

La Vénus de Milo. — Recherches sur l'histoire de la découverte d'après des documents inédits. 1 vol. in-18 jésus (G. Fischbacher, éditeur) . . . 3 fr.

Smilis, drame en 4 actes en vers, représenté à la Comédie française (Ollendorff, éditeur) . . 2 fr.

Othello, drame en 5 actes en vers (fragments représentés à la Comédie française). Charpentier, éditeur. . . . . , ... 3 fr. 50

etc., etc.

LA CHANSON

DE

L'ENFANT

PAR

JEAN AICARD

Huitième édition

OUVRAGE COURONNÉ PAR L'ACADÉMIE FRANÇAISE

PARIS

LIBRAIRIE FISCHBACHER

Société anonyme

33, RUE DE SEINE, 33

Tous droits réservés.

AVERTISSEMENT

DE L'ÉDITEUR

Depuis près de deux ans le livre que nous réimprimons aujourd'hui nous était inutilement demandé. Après les premières éditions rapidement épuisées, l'auteur résistait à notre désir de réimprimer la Chanson de l'Enfant. Il ne voulait donner une édition nouvelle qu'avec certaines ad-

ditions et corrections qui sont faites aujourd'hui. On verra par exemple qu'il a refondu entièrement la pièce intitulée Aux Enfants de France, *reprenant une même idée qui lui était chère sous une forme et dans un rythme tout à fait différents.*

Quant aux additions, voici les titres des pièces dont s'est augmentée l'édition nouvelle : A mon petit ami Pierre-Paul David d'Angers, A la petite Marie, A mon petit ami Noré, A Brighton, les Deux Lyres, *et* le Petit Peuple, *et enfin* le Mal du Pays *et* la Saint-Nicolas. *Ces deux dernières pièces sont empruntées à deux recueils différents du même auteur, l'une aux* Poèmes de Provence [1], *l'autre à* la Visite en Hollande [2].

Il nous sera permis de rappeler brièvement ici quel accueil fut fait à la Chanson de l'Enfant *dès son apparition, et comment le succès qu'elle obtint auprès du public a été provoqué et soutenu par les critiques.*

[1] 1 vol. in-18 jésus. Paris, G. Charpentier.
[2] 1 volume in-18 soleil, avec portrait. Paris, G. Fischbacher.

— « .... *Une nouvelle poésie vient de naître, arrivant aux plus grands effets par des moyens très simples....* » *Tels sont les termes de généreux enthousiasme avec lesquels un poète, qui est un maître, M. André Lemoyne, annonçait la* Chanson de l'Enfant. *Il signalait ainsi comme un événement, après le règne des poètes recherchés et bizarres, le retour à la simplicité, donnant en exemple cette* Légende du chevrier [1], *qu'après d'autres M. Jean Aicard a su reprendre et s'approprier.*

M. André Lemoyne rappelait aussi à propos du conte intitulé le Rouge-Gorge [2], *comment l'illustre auteur de* l'Oiseau, *Jules Michelet, avait exprimé le regret que le Rouge-gorge n'ait pas eu son poète attitré, et il ajoutait :* « Le poète est venu, » *montrant par ces mots qu'il pénétrait bien l'amour de ce poète pour les êtres de la nature, et sa scrupuleuse attention à les observer, deux qua-*

---

[1] P. 181.
[2] P. 201.

lités qui d'ailleurs appartiennent en commun au poète et à l'enfant même.

M. Armand de Pontmartin fait particulièrement ressortir dans un chapitre des Nouveaux Samedis, *et les critiques en général se sont accordés à dire que M. Jean Aicard a parlé des enfants d'une manière originale après Victor Hugo ; mais nous ne voyons pas qu'on ait dit pourquoi ? C'est qu'il a parlé, non pas comme père, mais comme enfant. Il s'est souvenu de ce qui charmait ou inquiétait son enfance, de ce qu'elle aimait ou regrettait, et c'est bien vraiment* la Chanson de l'Enfant *qu'il a voulu nous donner. Voilà le trait distinctif de ce livre, celui par où on peut le dire nouveau dans la littérature poétique. — Un critique pensait qu'il ne faut tenter que les livres nécessaires. Celui-ci méritait d'être entrepris.*

« La Chanson de l'Enfant, *dit M. Francisque Sarcey, est un livre que toutes les mères auraient dû lire.* » M. Jules Levallois *y aime* « *un fond de tendre humanité.* »

George Sand écrivait à l'auteur, sur la fin de

sa vie : « *Votre livre est très touchant et très charmant...* » et : « *Je lui rendrai justice* » lorsque je rendrai compte « *de quelques-unes de mes lectures agréables et bonnes.* »

Enfin l'Académie française décerna, en 1876, un prix Monthyon à la Chanson de l'Enfant qui fut, l'année suivante, couronnée aussi par la Société nationale d'encouragement au bien.

Il serait trop long et vraiment superflu d'énumérer tous les suffrages obtenus par le livre dont nous offrons aujourd'hui au public une édition élégante et portative qui nous paraît lui bien convenir.

Paris, mars 1881.

L'ÉDITEUR.

PREMIÈRE PARTIE.

AUX MÈRES.

LES BERCEAUX.

C'EST LUI LA POÉSIE.

Ah! nul n'a plus souci des roses, de l'aurore,
 Des grâces d'avril et de mai;
Des oiseaux et des fleurs, qui se souvient encore?
 Plus rien de naïf n'est aimé.

Non, ne le croyez pas. Consolons-nous, poètes;
 Le printemps a toujours sa cour;
Il est quelqu'un pour qui les avrils sont des fêtes;
 Il n'est pas mort, le grand amour.

Quand on n'entendrait plus rire de jeunes filles
 Par couples dans les verts chemins;
Quand le désir de l'or, seul souci des familles,
 Ferait seul se toucher nos mains;

Rien ne serait perdu, fleurs, chansons, ni lumière,
    Gloire des avrils triomphants,
Car, ô nature en fleur, ta grâce coutumière
    Plaît toujours aux petits enfants !

Ils savent, les petits, par-dessus toutes choses,
    L'utilité des fleurs des champs ;
Il leur faut des oiseaux, des papillons, des roses,
    Il faut les bercer par des chants.

Ils aiment la beauté fragile, et la cadence
    Nécessaire à leur bon sommeil ;
L'azur est fait pour eux ; pour eux a lieu la danse
    Des atomes dans du soleil.

Cependant qu'aux cités chacun suit son envie,
    Dans l'oubli des vrais biens de Dieu,
L'enfant cherche, étranger, ce qui dans cette vie
    Lui rappelle son pays bleu.

Un murmure, un rayon, voilà ce qui le charme ;
    Une ombre, un cri le met en pleurs ;
C'est lui la poésie : un sourire, une larme,
    L'amour des rayons et des fleurs....

La Muse, un jour, le cœur navré de nos querelles,
    Fuyait ce monde vicieux ;
Belle et triste, elle ouvrait déjà ses grandes ailes,
    Prête à remonter dans les cieux....

Mais elle s'arrêta, — clémente au monde infâme
    Où l'homme à l'homme est ennemi, —
Parce qu'elle avait vu, bercé d'un chant de femme,
    Sourire un enfant endormi.

LE POÈME DE LA MÈRE.

Nul poète, si grand qu'il soit, fût-il Homère,
    N'a jamais fait briller au jour
Un poème si beau que celui de la mère :
    L'enfant, pur chef-d'œuvre d'amour,

Déjà, comme un projet lorsqu'il s'agite en elle,
    Dieu modifie à son insu,
Selon les mouvements de l'âme maternelle,
    L'homme futur qu'elle a conçu.

Sa vie et sa beauté qui passe, elle les donne
    Aux fils qui lui ressembleront ;
Une idée a suffi parfois, mauvaise ou bonne,
    Pour leur faire une marque au front.

Nul ne dira comment Dieu lui-même travaille
    Au poème qu'elle a rêvé ;
Or, la mère une nuit s'éveille ; elle tressaille...
    C'est l'enfant, mais inachevé.

Toi seule tu le sais, — toi qui veux la première
    Le voir, le baiser, le nourrir, —
Au prix de quels travaux il a vu la lumière,
    Et ce qu'il te reste à souffrir.

Dieu qui t'aidait naguère à présent t'abandonne ;
    L'enfant qu'il a mis dans tes bras,
Désormais, l'être à peine ébauché qu'il te donne,
    Toi seule tu l'achèveras !

Pour la mère à présent plus de nuit, plus de somme ;
    Sait-on bien ce qu'elle entreprend ?
Faire parler, marcher l'enfant, — créer un homme !
    Que fera l'homme de plus grand ?

Voyez-la se courbant, veiller à l'équilibre
    Du petit qui ne marche pas,
Entre ses bras ouverts le laisser un peu libre
    Pour attendre le premier pas.

Du plus près qu'elle peut elle le suit, l'excite,
    Elle l'amuse et le défend....
A toute heure inclinée, elle se fait petite
    Et pour lui redevient enfant.

C'est vraiment un muet qu'il faut qu'elle entretienne ;
    Ce mot que dit la faible voix,
La mère patiente, avant qu'il s'en souvienne,
    A dû le répéter cent fois.

Le secret de parler, et de voir et de prendre,
    La mère donne tout cela ;
L'idée avec le mot, le cœur fort, l'âme tendre,
    Elle donne tout ce qu'elle a !

Si bien que dans son fils, sa gloire et son poème,
    La mère avec bonheur plus tard
Tout entière parfois se retrouvant soi-même
    Dit : C'est ma voix, c'est mon regard !...

Les œuvres de celui que l'on nomme un poète
    Ne sont que fumée et que vent,
Près du petit enfant, bleu regard, blonde tête,
    Seul poème qui soit vivant.

Le poëte, lui, rêve un bonheur illusoire :
  Il veut, ce solitaire altier!
Obtenir seulement le bruit que fait la gloire
  Pour ne pas mourir tout entier!

Mais sans nos chers enfants, tous les hommes au monde
  Craindraient, près du sépulcre ouvert,
Plus que devant leurs pas la mort noire et profonde
  Derrière eux l'horreur du désert!

ENCORE DIVINS.

Ils ont, les chers enfants, nos yeux, notre visage :
    Ils agitent de petits bras ;
Les anges sont comme eux créés à notre image,
    Mais ils ne nous ressemblent pas.

Ils ont de petits pieds, mais délicats et roses,
    Mais qui n'ont pas encor touché
Ce sol dur où nos pas heurtent à tant de choses ;
    Leurs petits pieds n'ont pas marché.

Ils ont aussi des mains, frêles, qu'ils savent tendre,
    Qu'ils savent joindre pour prier,
Mais leurs doigts transparents sont trop faibles pour prendre
    Et ne pourraient pas travailler.

Ils ont des yeux, mais purs, qui ne cherchent encore
    Que le sourire maternel;
Beaux yeux d'enfants, joyeux et frais comme l'aurore,
    Tous bleus des souvenirs du ciel.

Ils ont l'oreille aussi, mais qui n'est attentive
    Qu'aux rythmes et qu'aux chants légers,
Et le bruit de la voix humaine les captive,
    Mais les mots leur sont étrangers.

Et la parole, ils l'ont, mais juste assez pour dire
    « Ma mère! » dans un bégaîment;
Oh! langage divin qui s'achève en sourire!
    Parole qui jamais ne ment!

Ils ont les chers enfants, nos yeux, notre visage:
    Ils agitent de petits bras;
Les anges sont comme eux créés à notre image,
    Mais ils ne nous ressemblent pas.

LES BERCEAUX.

Berceaux, frêles berceaux, vous êtes des nacelles
    Qui, sous un souffle calme et pur,
Venez en frémissant vers nous, ô barques frêles,
    Du fond de l'éternel azur.

Vos légers rideaux blancs s'enflent comme des voiles,
    Berceaux, et sous les vents amis,
Vous nous portez, du bord des heureuses étoiles,
    Vos passagers tout endormis.

Ils dorment, ces mignons, les poings fermés, la tête
    Sur le duvet mol et profond,
Ignorant les périls, l'écueil ou la tempête,
    Et le grand voyage qu'ils font.

Le rivage inconnu qui vers nous vous envoie,
   Vous et vos petits passagers,
Est un monde idéal où tout est rythme et joie,
   Où tout plane, ô berceaux légers !

Et quand vous arrivez des rives du mystère,
   Fins esquifs construits pour le vol,
Nous, nous vous empêchons de vous fixer sur terre,
   Et même de toucher au sol ;

Et longtemps, confiés aux douces mains des femmes
   Qui vous balancent nuit et jour,
Vous êtes entourés, comme au pays des âmes,
   D'allégresse et de chants d'amour.

Et jusqu'à ce qu'enfin l'ange qui n'a plus d'ailes
   Pose à terre son pied mal sûr,
Nous vous faisons un port qui vous berce, ô nacelles
   Qui venez du fond de l'azur.

AUX BERCEAUX.

Vous êtes suspendus pour que l'enfant se croie
Une âme libre encore et planant dans la joie,
    Berceaux ! vous êtes balancés
Par une douce main qui s'abaisse et s'élève
Pour que les beaux enfants se croient toujours, en rêve,
    Sur deux ailes d'ange bercés.

Une heure, un jour de plus, ô berceaux blancs et frêles,
Vous tenez loin du sol l'ange qui n'a plus d'ailes
    Et vous êtes harmonieux ;
Autour de vous souvent vibre une chanson tendre
Pour que l'enfant sourie et s'imagine entendre
    Le rythme accoutumé des cieux.

Et vous êtes pareils à des barques, venues
D'un archipel céleste aux îles inconnues
　　Vers nos écueils et nos dangers ;
Et nous tremblons toujours qu'en vos rideaux, vos voiles,
Vienne à souffler un vent qui remporte aux étoiles
　　Les berceaux et les passagers !

BERCEUSE.

L'enfant pleure et crie ; il s'agite
    Sur le blanc coussin :
Il a soif sans doute ; bien vite
    Donnez-lui le sein.

Le petit enfant crie et pleure.
    Comment l'apaiser ?
Il faut l'endormir tout à l'heure
    Avec un baiser.

La mère lui parle et le presse
    Couché dans ses bras ;
Mais sa voix, sa tendre caresse,
    Ne le calment pas.

Vainement il voit son sourire
    Qu'il connaît si bien...
Ce que le bel enfant désire
    Nous n'en savons rien.

Essayez donc de mille choses
    Pour finir ses pleurs.
Des bluets, des lis ou des roses
    Montrez-lui des fleurs.

L'enfant pleure toujours, il crie ;
    Apportez encor,
Pour qu'il s'apaise et qu'il sourie
    Son beau jouet d'or.

Mais sa faible main nous repousse ;
    Rien ne l'a tenté ;
Quand tout à coup, d'une voix douce,
    Quelqu'un a chanté....

L'Enfant qui pleurait — fait silence.
    Dieu qu'il est charmant !
Qu'on le couche et qu'on le balance....
    Faites promptement.

La couchette où l'enfant repose
  Fait un bruit rythmé :
Voilà pourtant la seule chose
  Qui nous l'ait calmé !

Tu ne peux encor nous comprendre,
  On te parle en vain,
Mais le rythme, tu veux l'entendre,
  Le nombre divin !

D'où viens-tu donc, pour qu'il te reste
  Des regrets pareils ?
Connais-tu la chanson céleste
  Des lointains soleils ?

Puisque, nouveau venu sur terre,
  Rien ne te plaît tant
Que le rythme plein de mystère
  Du berceau chantant !

CHANT DE NOURRICE.

Dors, mon petit enfant, dors et rêve en silence,
      Au bruit du berceau....
Vois-tu, dans le grand chêne où le vent le balance,
      Le nid de l'oiseau?

Les nids sont des berceaux que les souffles d'orage
      Font tomber parfois,
Et que les loups, la nuit, avec des cris sauvages,
      Mangent dans les bois.

Mais toi, mon bel enfant, dors et rêve en silence,
      Au bruit du berceau....
Vois-tu sur la mer bleue où le vent le balance,
      Le petit vaisseau?

La barque est un berceau que frappent les tempêtes
        De leurs fouets d'éclairs ;
Que de pauvres marins sont mangés par les bêtes
        Dans le fond des mers !

Mais toi, mon bel enfant, dors et rêve en silence,
        Au bruit du berceau....
Regarde ce ballon qu'au ciel le vent balance,
        Comme un grand oiseau.

Les ballons sont aussi des berceaux dont la brise
        Tourmente le vol ;
Homme et nacelle, ô Dieu ! que de fois tout se brise
        En touchant le sol !

.... Les berceaux sont des nids, des nacelles captives,
        De petits vaisseaux ;
Mais loin du vent, des loups et des vagues plaintives,
        Dorment les berceaux !

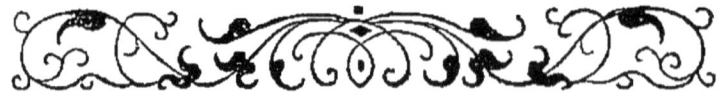

A UNE MÈRE.

Madame, votre enfant, ce petit être rose,
    Sourit tant que vous le bercez;
Et prêt à s'endormir, calme et paupière close,
    Il pleure dès que vous cessez.

Pour tout langage il n'a qu'un sourire, une larme,
    Éclair de ses yeux étonnés....
Que ne sait-il conter le mystérieux charme
    Du sommeil que vous lui donnez!

O mère, il vous dirait comment ce qu'il redoute
    C'est d'être loin de vous, perdu !
Et que c'est votre amour palpitant qu'il écoute
    Dans le bruit du lit suspendu.

Il veut que votre main légère le balance
    D'un mouvement égal et doux,
Quand il voit que la nuit prochaine et le silence
    Viennent le séparer de vous.

Il a fermé les yeux, et la crainte le gagne :
    Adieu les gaîtés du soleil !...
Mais, par le mouvement, le rythme l'accompagne
    Jusque dans le fond du sommeil.

Quand il ne vous voit plus, quand votre voix lointaine
    Fuit en chantant comme un ruisseau,
Il sent votre présence attentive et certaine
    Au va-et-vient de son berceau.

Pour l'enfant, c'est entrer dans une salle obscure,
    C'est être seul qu'être endormi ;
La palpitation du berceau le rassure :
    Il y sent battre un cœur ami.

Et le cher innocent vogue au pays du rêve,
　　Plus haut que l'azur éternel,
Dans le petit berceau qui s'incline et s'élève,
　　Rythmé sur le cœur maternel.

FILLE OU GARÇON.

Vous vouliez une fille et le ciel vous envoie,
    Jeune mère, un petit garçon ;
Mais quand l'enfant est là, fille ou garçon, la joie
    Entre avec lui dans la maison.

Une fille ! Et déjà vos tendresses de femme
    Lui préparaient les doux conseils....
Puisqu'un garçon vous vient, ne formez pas son âme
    D'éléments tout à fait pareils.

Les hommes, appelés aux luttes de la vie,
    Ont besoin d'être courageux ;
Vous laisserez ce fils courir à son envie
    Les premiers périls dans ses jeux.

N'allez pas vous forger d'inutiles chimères,
    Qui seraient cruelles un jour;
Ce n'est que tout petits qu'ils sont vraiment aux mères :
    Ils grandissent pour l'autre amour.

Vous avez un garçon; laissez les espérances.
    Instruisez-le de votre mieux
A n'être pas surpris des plus grandes souffrances
    Qui toutes sont faites d'adieux.

Qu'il ne sente pas trop les soins de la famille,
    Qu'il n'en soit pas comme enchaîné;
N'allez pas lui donner une douceur de fille !
    C'est un garçon qui vous est né.

Mères, je les connais, ces hommes, quoique braves,
    Que les mères ont faits trop doux;
Ils sont toujours blessés, cœurs faibles et suaves
    Où pénètrent les moindres coups !

Et quand vient le moment, sans amis, sans caresses,
    Où c'est tout seul qu'on doit souffrir,
Ces hommes ont en eux de plaintives tendresses
    Dont ils achèvent de mourir.

Si vous voulez les voir heureux et les voir vivre,
  Mères, ne vous y trompez pas,
Retenez ce conseil triste, mais qu'il faut suivre :
  Détachez vos fils de vos bras.

Madame, vous pleurez?... Mais c'est là, nobles femmes,
  Le sublime de votre amour,
Qu'il faille encor souffrir pour leur créer leurs âmes
  Plus que pour leur donner le jour.

DÉTACHEMENT.

« C'est le sang de mon sang, c'est la chair de ma chair ;
  « Je l'attends et je l'aime.
« Ah ! je sens qu'il tressaille et qu'il m'est déjà cher !
  « C'est un autre moi-même. »

.... Pas d'accord plus intime et pas d'amour plus grand.
  Mais enfin, joie amère !
L'enfant naît ; en naissant il pleure : il se comprend
  Séparé de la mère.

Désormais chaque jour tu t'en éloigneras.
  Laisse que demain vienne :
D'abord, elle te prend sur son cœur, dans ses bras ;
  Ta vie est encor sienne.

Elle t'a; tu la suis où va sa volonté;
    De tes lèvres vermeilles
Tu pends à son sein mûr — où tu bois sa beauté —
    Comme la grappe aux treilles.

Puis te voilà, nourri du meilleur de son sang,
    Déjà lourd, baby rose;
Déjà dans ton berceau ta mère en gémissant
    Plus souvent te dépose.

Et là, tu sens encor, même au fond du sommeil,
    Que ton âme est suivie
Par le doux bercement régulier, tout pareil
    Au souffle de sa vie.

Là, tu te meus encor par elle, à son désir;
    Elle inspire ton somme;
Mais demain tu voudras marcher, — c'est ton plaisir, —
    Être à terre, être un homme!

La mère en a pleuré; mais l'enfant à l'envi
    Va, gauche et plein de grâce,
De sa mère inclinée à son père ravi
    Qui se baisse et l'embrasse.

S'il ne s'écarte pas dans ce premier chemin,
    C'est qu'il chancelle encore ;
Mais, hélas ! il voudra courir, vienne demain,
    Vers tout ce qu'il ignore.

Hier l'enfant sans répondre entendit ton appel,
    O mère désolée ;
Il était, sans rien dire, allé seul, le cruel,
    Tout au bout de l'allée !

Il s'éloigne, il te fuit, te dis-je, à chaque pas ;
    Le temps te le dérobe ;
Il refuse ta main, lui qui ne lâchait pas,
    Hier, les plis de ta robe.

Les enfants sont un jour trop grands pour les berceaux ;
    Les fleurs sont éphémères ;
Et dans les nids d'antan il n'y a plus d'oiseaux...
    C'est le souci des mères !

ÉLOIGNEMENT.

C'en est fait, il est grand; son âge vous sépare;
    Il n'est plus sa mère, il est lui;
Ton cher trésor, couvé longtemps, ô mère avare,
    Tu dois le livrer aujourd'hui.

Il vécut de ton souffle et partagea ton âme;
    Il fut ta chair, il fut ton sang!
Et voilà que ce fils désormais, pauvre femme,
    Va vivre seul, va vivre absent!

Hier, il marchait encor dans les plis de ta jupe
    Et tu le tenais par la main.
Aujourd'hui son départ prochain te préoccupe:
    Hélas! où sera-t-il demain?

Le collège l'attend ; la prison va le prendre
    Où les maîtres parlent latin.
Adieu l'enseignement premier de ta voix tendre,
    Qu'ouvrait le baiser du matin !

Quoi ! séparés. Grand Dieu ! S'il te prenait l'envie
    De le voir, tu ne pourrais pas !
Les cruels en deux parts ont divisé ta vie :
    La meilleure est en lui là-bas.

Adieu les bruits, les cris dont ta chambre était pleine
    Et dont tu le grondais parfois ;
Le silence s'est fait. Tu te souviens à peine
    Du son bien-aimé de sa voix.

Mais à l'heure des jeux, tu vas, tu le demandes ;
    On l'appelle, il s'en vient courant ;
Tu gonfles de gâteaux ses poches toutes grandes,
    Et tu lui parles en pleurant.

Travaille-t-il beaucoup ? Il est triste sans doute.
    Qu'a-t-il fait durant ce long jour ?
Mais lui, reste immobile et distrait : il écoute
    Les cris des joueurs dans la cour.

Quand tu t'émeus pour lui sa froideur te chagrine :
    Il n'est plus à toi, rien qu'à toi !
Et tu sens s'arracher ton cœur de ta poitrine....
    Pourquoi pâlir? c'est une loi.

C'est une loi qu'il faut que la force lui vienne ;
    Pourquoi le regretter toujours,
Le temps où ta faiblesse était encor la sienne?
    L'ordre éternel poursuit son cours.

C'est en vain que parfois tu le prends, tu le presses
    Contre ce sein qui l'a nourri ;
Tu rapproches son front du tien par ces caresses,
    Vois-tu, mais non pas son esprit.

Son esprit flotte ailleurs, au loin, comme la graine
    Loin de son arbre, au gré du vent....
Ah ! ce cri des joueurs qui l'attire et l'entraîne,
    Tu dois l'entendre encor souvent !

Tu les maudis, ces voix, ô mère désolée,
    Qui prennent ton fils dans tes bras ;
Quand sonnera l'appel de la grande mêlée,
    Alors tu les regretteras.

Or, le devoir, après le jeu, le sollicite ;
  Il rêve à son futur état ;
Il change d'air, d'allure... Oh ! comme il grandit vite !
  Il est orateur ou soldat....

Qu'il aille donc ! — Mais va, fatigués des chimères,
  Ils reviennent tous quelque jour,
Regrettant les berceaux, redemander aux mères
  La grande paix de leur amour.

LE NID.

Vraiment, le seul parfait des bonheurs d'ici-bas,
Tel que plus tard en vain l'homme aux cieux le réclame,
Quand on était petit, avant le premier blâme,
On l'eut, mais peu de temps et ne le sachant pas.

Heureux le dernier-né dont tu guides les pas,
Mère; il possède en toi le meilleur de la femme;
Nul désir n'ouvre encor l'infini dans son âme,
Et tout l'enfant blotti se cache entre tes bras.

Plus heureux les oiseaux, car ils ne croissent guère !
Un nid peut contenir, devenus père et mère,
Les roitelets qu'il vit éclore l'an passé ;

Mais l'homme, dès qu'il est assez grand pour connaître,
Sur le sein maternel ne tient plus embrassé,
Et ne sent plus l'amour environner son être.

L'ABRI.

L'enfant n'aime pas voir des horizons trop larges;
Il préfère aux plus beaux endroits du monde entier
Un dessin limité dans la blancheur des marges,
Un insecte, une fleur, un tout petit sentier.

Son œil ne peut d'ailleurs embrasser l'étendue :
Mais il craint d'autant plus l'espace autour de soi,
Et sa pauvre âme en lui se resserre éperdue
Lorsqu'il accourt vers nous se blottir, pris d'effroi.

Tel est partout l'enfant. Voyez-le quand il joue :
Il se crée un domaine à sa taille, arbres verts,
Châteaux, jardins, un fleuve, un moulin et sa roue....
Pour n'en pas avoir peur il fait son univers.

Voyez-les tous courir à l'heure de la lampe
Et dans le cercle étroit se presser plus heureux,
Parce que le grand monde, où la nuit siffle et rampe,
Comme fermé dehors, n'existe plus pour eux !

Sous un pan du manteau de sa sœur — car il neige —
Celui-ci (quel plaisir !) va, bien au chaud, sans voir !...
Oh ! vivre enveloppé dans ce qui nous protège !
Bonheur des plus petits, impossible à ravoir !

Des rythmes, des blancheurs de sa fragile couche
L'enfant ravi, qui voit son rideau bien fermé,
Dort, un rire léger voltigeant sur sa bouche,
Car plus il se croit sûr, mieux il se sent aimé.

Mais c'est surtout au nid de vos douces poitrines,
Mères, que les enfants s'enferment volontiers ;
Là vos deux bras croisés sur leurs têtes câlines,
Au péril inconnu les cachent tout entiers.

Non, ces premiers bonheurs, rien ne doit nous les rendre ;
Nous n'aurons plus le rire aux rayons du matin,
L'amour si confiant, la caresse si tendre,
Ni la sécurité du sommeil enfantin !

Et l'homme tout baigné de ses larmes amères
Se verra souvent pâle, en deuil, saignant, banni,
Vous ne serez plus là, vous dont l'amour, ô mères,
Peut seul nous rassurer contre tout l'infini.

LA MÈRE NATURE.

Comme on voit vers l'enfant la mère se baisser,
La Nature, elle aussi, qui contient tout en elle,
Se fait autour de lui petite et maternelle
Pour être de sa taille et le mieux caresser.

« J'ai là-bas des glaciers pleins d'une horreur superbe,
Dit-elle au faible enfant de sa plus douce voix,
J'ai des fleuves grondants, des océans, des bois,
J'ai des lions... Mais tiens, vois ces bêtes dans l'herbe ;

« Vois cette mousse au creux du vieux mur qui se fend,
Et ces fleurs dans les prés, jaunes, roses ou blanches ;
Ces nids que j'ai posés dans les plus basses branches,
Prends-les ; je ne veux pas te faire peur, enfant. »

Elle lui parle ainsi, tremblant qu'il ne s'effraie.
Des nids, elle en mettra jusque sur la maison;
Et de crainte qu'il voie un trop vaste horizon,
Vite elle fait grandir les blés mûrs et la haie.

Et lui, qui se croirait perdu dans l'univers,
A ri, sans plus songer comme la terre est grande;
La Nature, il la voit et croit qu'il la commande
Dans trois brins de bruyère en guise d'arbres verts.

Il plante gravement ces tiges dans la terre
Près du petit ruisseau qui lui semble un torrent,
Et la sombre forêt, le fleuve murmurant
N'ont pas plus de terreur pour nous et de mystère.

Ainsi l'herbe, la fleur et l'insecte et le nid
L'accoutument d'abord aux prodiges du monde;
Ainsi l'antique aïeule indulgente et féconde
Fait d'abord à l'enfant épeler l'infini.

L'ENFANT VÉNITIEN.

Comme je revenais un jour de Murano,
J'ai vu venir, faisant de gais frissons sur l'eau,
Une gondole noire ainsi qu'elles sont toutes.
La rame en s'élevant s'illuminait de gouttes ;
La proue en fer poli faisait plaisir à l'œil,
Et rien d'inusité n'y trahissait un deuil ;
Pourtant elle emmenait sous la pure lumière
Le cercueil d'un enfant au prochain cimetière.
Le cercueil tout petit, d'un drap d'or recouvert,
Aux quatre angles orné d'un bouquet blanc et vert,

S'éloignait doucement vers l'île solitaire
Qui l'allait recevoir dans sa couche de terre;
Et je songeais : l'enfant vénitien, aux yeux
Noirs et brillants, pareils à la nuit dans les cieux,
L'enfant aux cheveux bruns, à la peau mordorée,
Ne verra plus, le soir, la lagune nacrée;
Il n'apprendra jamais la gloire des anciens,
Des peintres, des sculpteurs, des grands Vénitiens;
Son cœur ne battra pas au nom de l'Italie,
Et la nuit sur la mer scintillante et pâlie,
Quand Venise s'endort plus belle que de jour,
Il n'ira pas jeter de ces longs cris d'amour,
De bonheur ou d'espoir dont frémit, sous la lune,
Le calme et bleu désert de la vaste lagune.

Et pourtant, ô mon bel enfant vénitien,
Je voudrais un tombeau partout semblable au tien
Pour tous les innocents que la mort nous enlève,
Car du moins leur départ nous semblerait un rêve;
On dirait de chacun ce que je dis de toi :
Un jour, il est parti sur la mer, sans effroi;
Pour voir à l'Orient l'horizon qui nous tente,
Un jour il est parti dans sa couche flottante;
Les blancs oiseaux des mers nous semblaient alentour

Des messagers divins qui fêtaient un retour ;
Et l'enfant souriait encore à la chimère
Qui hantait son sommeil à la voix de sa mère,
Car nul chant n'est plus doux que le doux bruit des eaux,
Et le roulis paisible est aimé des berceaux.

Venise, 10 novembre 1874.

POUR LES GARDER.

O mère à qui l'effroi fait plier les genoux,
    Force ton orgueil à se taire,
Et crois-moi, ne dis plus : « Le bel ange est à nous, »
    Surtout s'il n'a pas touché terre.

Ne dis plus : « Il est mien ; n'est-il pas en effet
    Tout captif dans ses humbles langes ? »
Va, tremble s'il n'a point, fils de l'homme imparfait,
    Alourdi son pied dans nos fanges.

Oui, surtout s'il n'a pas marché dans nos chemins,
    Crains qu'il ne t'abandonne, ô femme ;
Attends — lente à l'espoir — que des désirs humains
    Aient à sa chair lié son âme.

Il nous arrive à peine et peut vers l'infini
    Rouvrir soudain deux ailes blanches.
Peut-on dire : « L'oiseau va faire là son nid, »
    Parce qu'il a touché les branches?

Combien d'entre eux s'en vont qu'on espérait venus
    Pour la vie heureuse et féconde !...
Tant qu'ils sont si petits qu'on aime à les voir nus,
    Ils ne sont pas bien de ce monde.

Prends garde! il est encor si léger, si pareil
    Aux choses qu'un souffle soulève!
Son âme s'en irait, si, pendant le sommeil,
    Elle suivait trop loin son rêve.

Aussi pour qu'il se plaise ici-bas, l'enfant pur,
    Pauvre mère, pour qu'il te reste,
Souris-lui ; pour charmer cet ange rien n'est sûr
    Comme ton sourire céleste.

OISEAUX CAPTIFS.

D'où viennent-ils? Qui sait? Mais du pays des anges
Ou d'ailleurs, nos pays leur paraissent étranges ;
Les nouveau-nés, pareils à des oiseaux captifs,
S'épouvantent de l'homme et craignent qu'on les touche ;
Un regret les tourmente, à toute heure plaintifs ;
S'ils dorment souriants, à qui sourit leur bouche ?

Il faut les consoler d'être ici, parmi nous ;
Pour être plus près d'eux, s'incliner, — à genoux,
Bien bas, comme adorant leur candeur et leur grâce ;
Puis il faut les bercer : le rythme est rassurant ;
Le nourrisson qui pleure encor, bien qu'on l'embrasse,
Au bruit de son berceau s'apaise et nous comprend.

Son âme, hier à peine à l'inconnu ravie,
A besoin d'ignorer un peu de temps la vie :
S'il nous entend déjà, cachez-lui le réel ;
Quand il s'éveille, avec des plaintes étouffées,
Vite, vite, appelez des beaux pays du ciel
Autour de son berceau ses marraines les fées.

Accoutumez l'enfant aux choses d'ici-bas.
S'il a pris des oiseaux du ciel, voyez-vous pas
Comme il orne leur cage avec de vertes branches,
Pour qu'ils se croient encor libres au bois natal?...
Reste mon prisonnier, enfant aux ailes blanches :
Voici l'Illusion et voici l'Idéal.

FIGURES D'ENFANTS.

LA REINE DE MAI.

Une petite enfant dans sa robe de fête
Se tient assise et joue à la Reine de Mai.
Elle sourit. Elle a des roses sur sa tête ;
Elle a fait d'un grand lis son sceptre parfumé.

Toute de blanc vêtue, elle est sous de longs voiles
Fins et plus transparents qu'un nuage léger ;
Mille fleurettes d'or y semblent des étoiles.
Immobile et muette, elle a l'air de songer.

L'Espérance est ainsi, blanche et voilée, et reine ;
C'est la petite Maye au regard souriant,
L'enfance qui parfois comme une aube sereine
Pleure avec de grands yeux où bleuit l'Orient.

L'HEURE DES ENFANTS.

D'APRÈS LONGFELLOW.

Quand, le jour terminé, la nuit n'étant pas close,
Un instant, des soucis du jour l'on se repose,
Chacun sait que cette heure est celle des enfants.
De la chambre d'en haut cette heure-là m'apporte
Un froissement de pas menus, un bruit de porte,
Et des mots murmurés, et des cris triomphants.

Et de mon cabinet, sous le feu de ma lampe,
Dans le large escalier je vois, longeant la rampe,
Grave, Alice, et rieuse Allegra, puis Edith
Aux cheveux d'or ; — on cause, on se tait ; il me semble
Qu'elles sont toutes trois à comploter ensemble,
Et qu'à l'éclair des yeux j'ai vu ce qu'on s'est dit.

Oui, l'on veut me surprendre et me livrer bataille !
Tout à coup, d'un élan rapide, l'on m'assaille ;
Par trois portes sans garde on est dans mes remparts.
Elles grimpent au haut de ma vieille tourelle,
Sur le dos, sur les bras du fauteuil qui chancelle ;
Vainement je veux fuir... cerné de toutes parts !

Enlacé par vos bras et mangé de caresses,
Je me semble à moi-même, ô petites ogresses,
L'évêque de Bingen dévoré des souris.
Vous êtes sur les murs, brigands au frais sourire,
Mais, de grâce, attendez ! Pensez-vous pouvoir dire
Que ma moustache a peur et que me voilà pris !

Et tenez ! j'ai sur vous fermé ma citadelle.
Descendez au donjon, et là, bande rebelle,

Je vous tiens dans mon cœur, votre cachot vivant !
Et vous y resterez toujours, troupe enfantine,
Jusqu'à ce que, les murs n'étant plus que ruine,
La cendre de mon cœur soit dispersée au vent,

LES ENFANTS DES GRÈVES.

Ils s'éveillent à l'heure où les blanches étoiles
    Plus pâles meurent peu à peu,
Quand les femmes vont voir les triangles de voiles,
    Un par un, naître au lointain bleu.

Marchant seuls ou portés encore au bras des femmes,
    A peine rougit le levant
Ils cherchent eux aussi les voiles et les flammes
    Des barques qui penchent au vent.

Comme ils ont vu parfois, pressés contre leur mère,
    Périr des bateaux submergés,
Ils ont bu dans leur lait et dans la brise amère
    La force et l'oubli des dangers.

Ils vivent presque nus, habitant sur la grève
    La maison qui touche les flots
Et qui poursuit, ouverte à l'infini, son rêve
    Plein d'un retour de matelots.

On les voit à quatre ans montrant leur chair dorée,
    Troussant avec soin des haillons,
S'avancer dans la mer subitement moirée
    Et se baigner dans des rayons.

Je les ai vus souvent, avec des cris, par groupes,
    Dans les roches d'un petit port,
Escalader le flanc de ces vieilles chaloupes
    Qu'un mince anneau rattache au bord.

Filles, garçons, mêlés dans la barque penchante,
    Sur le sein tout ému des eaux,
Ils s'endorment au bruit de la vague qui chante,
    Et les barques sont leurs berceaux.

Le vent qui vient chargé de sels marins les mouille
 Sans même troubler leur sommeil ;
Sur la foi d'un anneau tout miné par la rouille,
 Ils dorment gaîment au soleil.

Ils n'ont pour être heureux qu'à revoir dans leurs rêves
 Le bleu pur du ciel et des flots,
Où des oiseaux si blancs vont annoncer aux grèves
 Le gai retour des matelots....

Mais tandis que leur somme enchanté se prolonge,
 Le bateau s'éloigne du bord,
Le temps ayant rompu la chaîne que l'eau ronge...
 Les voilà grands et loin du port !

Et, pendant qu'ils dormaient, vous qui fûtes reprises
 A vos futurs encor petits,
Vous, ô filles, déjà vous calculez les brises,
 En songeant aux mousses partis !

Ils deviendront patrons ; vous devenez leurs femmes ;
 Les jeux paisibles sont passés.
Vos hommes sont en mer luttant contre les lames
 Qui tout enfants vous ont bercés ;

Et vos enfants à vous habitent sur la grève
    La maison qui touche les flots,
Et qui poursuit, ouverte à l'infini, son rêve
    Plein d'un retour de matelots.

Carqueiranne, 28 septembre 1875.

CROQUIS.

Le travail terminé, grave, à pas lents, ce soir
Le fermier conduisait sa mule à l'abreuvoir;
L'enfant qui marche à peine accourt lui faire fête
Et, bégayant, lui dit qu'il veut tenir la bête.
Le père alors a mis la corde dans sa main,
Et le groupe plus lent s'est remis en chemin.
Le petit tient la bride; et la bête de somme
Suit les pas incertains de l'humble enfant de l'homme
Qui rit, trébuche, hésite, et tombe tout à coup....
Mais la mule s'arrête et, baissant un long cou,

Le regarde.... L'enfant, maladroit, se remue,
Fait effort, se relève en riant et dit : « Hue ! »

Le père marche heureux et las, songeant au jour
Où le fils conduira les bêtes au labour.

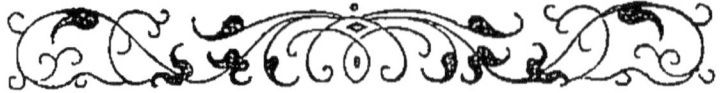

BLANCHE.

Elle vint près de moi, comme à son habitude,
Tandis que sur ma table, incliné pour l'étude,
    J'écrivais un matin.
J'écrivais... quoi? des vers sur un thème farouche;
Rien de beau ni de bon, rien qui plaise ou qui touche,
    Hélas! rien d'enfantin.

Blanche a quatre ans à peine, et quand elle soulève
Ses yeux vagues, où flotte un ineffable rêve,
    La Muse me sourit;
J'achevai donc mes vers sous ce regard suave.
Elle s'assit d'un air de femme; elle est plus grave
    Quand « monsieur Jean » écrit.

J'écrivais... Je devrais, quand elle est là, pauvre homme,
Ne plus voir que ses yeux, moi qui veux qu'on me nomme
      Un poète ! vraiment !
Mais enfin j'écrivais, il faut que je l'avoue.
L'enfant me regardait une main sur sa joue,
      D'un air grave et charmant.

Mes vers finis : « Je vais te les lire, mignonne; »
Alors, se redressant, la petite personne
      Ouvrit ses yeux tout grands....
J'aime à chanter les vers comme une mélopée
Je fis donc retentir la strophe, entrecoupée
      De petits vers pleurants.

Et mignonne, qui sait? je t'oubliai peut-être,
Mes vers me paraissaient, — puisqu'ils venaient de naître.
      Sonner franc comme l'or;
Je t'oubliais... mais toi, ma lecture achevée,
Regrettant le long bruit des vers, tu t'es levée,
      Et tu m'as dit : « Encor ! »

Amour du rythme ! étrange amour, je te retrouve !
Qui pourra nous conter ce qu'un enfant éprouve,
      O Rythme, en t'écoutant?

N'es-tu pas un écho des mers frappant les terres ?
N'es-tu pas le frisson du sang dans les artères
      Et dans le cœur — battant?

Ah! je te resterai fidèle, Rythme ou Nombre,
Toi qui des cœurs d'enfant aux feux de l'éther sombre
      Règles l'ordre éternel!
Qui pourrait te nier, puisque l'enfant t'écoute,
Puisqu'il te prête un sens, et qu'il t'aimait sans doute
      Dès le sein maternel!

VALENTINE.

Auprès de Blanche, en qui je vois la Rêverie
(MIGNON enfant, déjà regrettant la patrie),
Valentine, sa sœur, toujours en mouvement,
C'est déjà l'Action, mais à l'âge où vraiment
Rien de ce que l'on fait ne peut valoir le blâme ;
Et jamais je ne fus plus réjoui dans l'âme
Qu'à voir la Vie heureuse au rire triomphant
Et le Rêve alangui, — sous ces formes d'enfant.
Valentine souvent vient me rendre visite,
M'embrasse, dit bonjour et repart au plus vite,
Tout cela d'un air grave et fier, car à cinq ans,
Ayant beaucoup à faire, on ménage son temps.

Elle m'a dit hier : « Je suis très occupée !
Sans moi qui donc ferait amuser ma poupée ? »

Or elle aime venir m'éveiller le matin,
Tandis qu'appesanti par un somme incertain
J'agite avec douleur pêle-mêle en moi-même
Le fracas de la rue et les vers d'un poème,
Et qu'ayant lu trop tard la veille, les yeux clos,
Je suis comme un vaincu renversé sur le dos.

« Vivre est triste : oublions, dis-je, et dormons, qu'importe ! »
Quand tout à coup j'entends gratter contre ma porte.
Et je sens que c'est elle ; elle est là se haussant
De la pointe du pied sur le parquet glissant :
Elle atteint la serrure avec beaucoup de peine !
Quels efforts !... Mais enfin je vois tourner le pêne.
Puis la porte s'ouvrir et l'enfant regarder,
Et je souris, sachant qu'elle va me gronder :
« Paresseux ! paresseux ! » me dit-elle en colère !

Alors, même dans l'ombre, un jour soudain m'éclaire
Dès que l'enfant est là, je suis loin de Paris ;
Adieu l'ambition, les fièvres, les cieux gris,
Car le bruit des enfants dans la cité sonore

Seul fait songer aux nids et rappelle l'aurore :
Et je pense à ces jours où, loin de la cité,
Loin des brouillards du Nord, en Provence, l'été,
J'habite la maison de campagne où le rêve
Avec les vents salins m'arrive de la grève.
Là j'entends de mon lit, autour de la maison,
Dès que l'aube naissante émerge à l'horizon
Mille bruits de gaîté, chants, cris d'oiseaux, coups d'ailes,
Et joyeux aboîment de mes deux chiens fidèles.
C'est la vie en travail qui dit au point du jour :
Pense, aime, sois heureux, me voici de retour !
Tandis qu'éblouissant, et m'inondant tout l'être,
Le soleil de Provence entre à pleine fenêtre.

A LA PETITE MARIE.

Enfant qui demandez « pourquoi je suis poète ! »
Et pourquoi nuit et jour on fatigue sa tête
A raconter en vers son cœur et son esprit,
Pourquoi je mets enfin mes rêves par écrit,
Écoutez-moi, petite et charmante personne....
Tournez de mon côté ce grand œil qui s'étonne :
— Je vous connais d'hier, mon enfant, n'est-ce pas?
Et l'on vous dit hier, discrètement, tout bas,
Que vous deviez savoir quelque fable sans doute,
« Des vers, » et l'on vous dit : « Commencez, on écoute ; »
Et sans savoir mon nom, ni si j'ai fait des vers,
Ayant pris tour à tour vos grands et petits airs,
Vous avez commencé : « LA LEÇON DE LECTURE,

Par Monsieur Jean Aicard, » avec votre voix pure.
— « D'où connais-tu ces vers ? » Et vous vous arrêtez :
— « C'est à la pension qu'on nous les a dictés.... »

Ainsi, mes vers, un jour livrés au vent qui passe,
Me reviennent par vous, par l'enfance et la grâce !
Ainsi, je touche à l'heure où, fût-ce d'un pied fort,
On sent bien que déjà l'on descend vers la mort,
Et de petits enfants, qui montent vers la vie,
Le regard attentif, l'âme ouverte et ravie,
Portent déjà mon nom en leur jeune cerveau,
Un peu de mon esprit dans leur esprit nouveau !
Ma pensée est mêlée à leur fraîche pensée ;
Je renais par leur vie à peine commencée,
Et quand je dormirai dans l'ombre sans réveil,
En eux vivront encor mes vers et mon conseil !
Sur leurs bouches en fleurs déjà mon âme vole !
Des mères à leurs fils parleront ma parole,
Et, renaissant toujours, mon esprit triomphant
Voltigera sans fin sur des lèvres d'enfant !...

Voilà « pourquoi je suis poète, » ma petite ;
C'est pour que l'on m'apprenne et pour qu'on me récite ;
C'est pour gagner, avec quelques vers familiers,

L'avenir, qui commence au cœur des écoliers....
Tu ne me comprends pas, ma petite Marie?
N'importe, redis-moi mes vers, puisqu'on t'en prie :
Il m'est si doux de voir mon rêve sur ton front,
Et d'espérer grandir dans ceux qui grandiront!

A MON PETIT AMI
PIERRE-PAUL DAVID D'ANGERS.

O Pierre, vous avez deux grands-pères célèbres.

L'un, peintre, est Paul Huet.
                      Aux bois pleins de ténèbres,
Aux mers, où l'infini des ciels changeants se fond
Avec les inconnus mobiles du grand fond,
Aux falaises, debout sur les sables des grèves,
Il fait, par la couleur, raconter tous leurs rêves.
Peintre puissant, dans ses tableaux mystérieux
Il répand en secret la présence des dieux,
Et l'œil, à chaque fois, croit toujours y surprendre

Un mot qu'il savait d'eux et qu'il fait presque entendre.

L'autre aïeul fut sculpteur, et c'est DAVID D'ANGERS.

O PIERRE, du milieu de vos jeux vous songez,
Tous les jours, à vos deux grands-pères, cher espiègle.
Vous savez que DAVID a, sous son regard d'aigle,
Cherchant le signe au front des hommes éclatants,
Tenu tous les esprits illustres de son temps;
Qu'il a, comme une mer plus que l'autre infinie,
Sondé tous les regards, tous les noms du génie,
Et, dans le marbre dur fixant ce qui périt,
Éternisé la forme où vécut tant d'esprit.

Les petits des lions ne sont pas des gazelles!
Et vous êtes issu de deux âmes trop belles
Pour n'avoir pas en vous, comme un divin trésor,
Des dons pareils aux leurs, mais qu'on espère encor!
Car les petits lions n'ont qu'à croître, mon PIERRE.
Les griffes et la dent, leur vigueur, leur crinière,
La nature et le cours du temps les leur feront;
Mais ce que l'homme, lui, porte là, sous son front,
L'esprit, — ne s'accroît pas simplement avec l'âge.
PIERRE, un homme n'est pas une bête sauvage :

Lui-même se grandit. Comment ? Lorsqu'il apprend,
Et c'est rester petit que rester ignorant.
.... O charmant écolier, quelle que soit la flamme
Que vos nobles aïeux aient mêlée à votre âme,
Vous pourriez laisser, vous, en votre âme finir
Cet éclat des deux morts qui sont votre avenir !
Dès que vous comprendrez une pareille idée,
Que votre vie en soit suivie et fécondée !
Sur vos deux pères-grands tenez fixé votre œil,
Attendant, — déjà fier, — pour avoir de l'orgueil,
D'avoir vous-même orné votre noble nature,
Paul, fils de Paul Huet, le bon maître en peinture,
Et d'avoir mérité ce nom de créateur :
Pierre, fils de David, le bon maître sculpteur.

A MON PETIT AMI NORÉ.

Tantôt, quand, justement grondé par votre mère,
Vous avez répondu d'un petit air colère,
Cela m'a fait grand'peine à voir; j'aurais voulu
Vous voir sous tant de grâce un air moins résolu,
Vraiment, — et vous sentir plus doux sous le reproche.
De la laideur, enfant, la colère rapproche,
Et vous étiez vilain, et je vous ai promis
(Car nous sommes depuis trois jours de vieux amis)
De vous écrire en vers si vous alliez, bien sage,
Au baiser maternel tendre votre visage...
Vous l'avez fait; c'était un peu pénible à vous,
Encore tout tremblant d'un gros, d'un grand courroux !

Vous l'avez fait, c'est bien ; et je tiens ma promesse,
Puisque « des vers » vous font écouter la sagesse.

Sentez mieux le bonheur d'être enfant, cher garçon.
Chacun se fait sa vie, et la bonne façon
On l'apprend des aînés, qui savent peu de chose,
Mais qui savent du moins plus que vous, je suppose,
Croyez-les, croyez-moi. Lorsque l'on est enfant,
Obéir à la voix qui permet ou défend,
C'est laisser façonner par l'être qui nous aime
Notre esprit, notre cœur, notre avenir lui-même,
Et nous faire, docile ou rebelle à sa voix,
Heureux ou malheureux un jour, à notre choix.
Écoutez-la donc bien, la voix sévère — et bonne.
Suivez, même pénible, un conseil qu'elle donne,
Remède amer qui peut empêcher bien du mal !
Et puis, s'il est toujours mauvais d'être brutal,
Il l'est surtout d'oser soutenir sa colère
D'abord contre une femme, et puis contre sa mère.
Et la vôtre, — sentez ce bonheur, il est grand, —
Est douce autant que belle, et, d'un ton différent,
Hier, vous le disiez de votre voix câline,
Vos cheveux sous sa main, le front sur sa poitrine,
Et vous étiez alors beau comme elle, et c'était

Un groupe dont un peintre eût tenté le portrait.

Puisque vous comprenez tant de grâce et de charme,
Pourquoi les attrister quelquefois d'une larme ?
Quand ce front, lisse et pur, s'est, — grâce à vous, — plissé,
Ce que fera le temps, vous l'avez commencé !
En creusant sur ce front la ride, — qui s'efface, —
A votre mère, enfant, vous ôtez de sa grâce ;
Vous gâtez à la fois, quand vous êtes méchant,
Ce qu'a fait Dieu de plus divin, de plus touchant,
Chefs-d'œuvre fugitifs entre les éphémères,
Le rire de l'enfant, le sourire des mères.

Mont-Redon, 1880.

COLIN-MAILLARD.

Un enfant frêle et blond, dont la mine éveillée
Laisse voir des pâleurs, quoiqu'un peu barbouillée,
Conduit le pauvre aveugle et marche à petits pas.
A l'angle du chemin ils vont s'asseoir, là-bas,
Muets, l'un contre l'autre, et jamais ne demandent.
Ils ne poursuivent pas notre aumône, ils l'attendent.
Il faut les plaindre, enfants ; ils sont si malheureux !
Et c'est touchant de voir comme ils s'aiment entre eux,
Et de voir ce garçon de huit ans, dont l'enfance
Aurait encor besoin de guide et de défense,
Si petit ! attentif aux pierres du chemin,
Surveiller un vieil homme et lui donner la main.

Le sourire à la lèvre ou les pleurs sur la joue,
Fils de pauvre ou de riche, il faut qu'un enfant joue !

C'est pourquoi, l'autre jour, l'enfant pâle à l'œil bleu
Avait naïvement imaginé ce jeu
De courir tout autour de l'aveugle débile
Qui, sur la terre assis, posant là sa sébille,
A droite, à gauche, vite, étendant les deux bras,
Cherchait à le saisir selon le bruit des pas.

L'enfant, que chaque erreur du pauvre aveugle amuse,
S'éloigne plusieurs fois d'un petit air de ruse,
Sur la pointe du pied, sans souffler, doucement,
Et le vieillard écoute, immobile, un moment....
Puis, troublé tout à coup d'un si profond silence,
Il appelle ; l'enfant rit alors et s'élance,
Accourt et vient tomber dans les bras du vieillard ;
Et l'aveugle riait d'être colin-maillard.

Moi, j'admirais l'enfant dont la candeur suprême
Peut jouer, sans l'accroître, avec la douleur même.
Et qui fait naître au cœur d'un malheureux pareil
La gaîté, le bon rire et l'oubli du soleil !

LE GRÉSIL.

Blondinette, voyant par un matin d'avril
Sur les vitres tinter les perles du grésil,
    A voulu sortir pour en prendre ;
Cette pluie, au jardin, fait un doux et long bruit ;
Là-haut le soleil brille, et le grésil reluit
    Dans le ciel d'un bleu jeune et tendre.

Les arbres sont mouillés : on les dirait en pleurs.
Sur les feuilles pourtant, si fraîches de couleurs,
    La gaîté du soleil ruisselle ;
L'enfant tient à deux mains son tablier tendu,
Sans voir qu'en y tombant le fin grésil fondu
    Perd soudain sa vive étincelle.

Enfin, quand elle veut admirer son trésor,
Plus rien!... Pauvre mignonne! il faut subir encor
    Le sifflet de messieurs les merles;
Et son riant visage en larmes est pareil
A ce matin d'avril où rit le blond soleil
    Sous l'averse faite de perles.

A BRIGHTON.

Douze ans. Il est couché, rose et pourtant malade,
Depuis quatre ans déjà, sans s'être mis debout ;
Étendu sur le dos, même à la promenade,
Dans son lit qu'on voiture, il rêve, observant tout.

Élevant son album d'une main, — l'habitude !
Il dessine, couché, comme on peint un plafond ;
C'est ainsi qu'il soutient son livre pour l'étude,
Et son œil est paisible, et son rêve est profond.

Chacun saisit pour lui ce qu'il ne peut atteindre ;
Tous les fronts sont souvent au niveau de son lit.

Mieux aimé que les forts, ce faible a moins à craindre,
Et, sûr qu'on vient s'il parle, il dort, crayonne ou lit.

L'album contient surtout des bateaux, des marines,
Qu'il traça, de son lit, au bord même des mers,
Dans les pins de Provence aux utiles résines,
Sous un ciel plein de force et d'atomes amers.

Maintenant de retour à Brighton, plage grise,
Il est dans le salon vitré, le doux ami,
Et, vers la haute mer houleuse sous la brise,
Ses yeux, qui sont d'azur, se tournent à demi.

« C'est juillet. Cependant comme le ciel est triste ! »
Nous pensions à cela tous les deux à la fois.
Mais lui, dès qu'il soupire, il sait bien qu'on l'assiste,
Et la plainte n'est pas dans l'accord de sa voix ;

Seulement il a pris avec sa main câline,
Son instrument qu'il a lui-même mis d'accord,
Et m'a chanté, vibrant comme sa mandoline,
Un vieux air du Midi devant le ciel du Nord.

Alors, j'ai dit : « Oh! sois, enfant, tête chérie,
Dans tes veilles béni, béni dans ton sommeil!
Ta voix, pour un instant, m'a rendu ma patrie....
Un jour, je t'y verrai courir au grand soleil. »

Londres, juillet 1879.

LA FENÊTRE OUVERTE.

D'APRÈS LONGFELLOW.

Elle se taisait, la vieille maison,
Près des verts tilleuls, couverte de lierre,
Et dans les sentiers bordés de gazon
L'ombre se jouait avec la lumière.

J'ai vu les volets de la « nursery ; »
Ouvertes à l'air, j'ai vu les fenêtres ;
Mais les gais enfants qui m'auraient souri,
Ils n'étaient plus là les chers petits êtres !

Le grand terre-neuve était près du seuil,
Cherchant du regard ses bons camarades ;
Mais il ne doit plus ni leur faire accueil,
Ni les surveiller dans les promenades.

Je ne les vis pas sous les verts tilleuls ;
Ils ne jouaient point dans la grande salle ;
Le silence triste et l'ombre étaient seuls
Qui mettaient partout leur marque fatale.

D'un ton familier, bercés par le vent,
Les oiseaux chantaient dans les hautes branches...
On n'entendra plus, sinon en rêvant,
La voix des enfants et leurs gaîtés franches.

Et le bel enfant que dans mon chemin
J'avais avec moi ne pouvait comprendre
Pourquoi je pressais plus fort dans ma main,
Ah ! plus fort, hélas ! sa main chaude et tendre !

NOUS SOMMES SEPT.

D'APRÈS WORDSWORTH.

Un enfant qui naît à la vie,
Et, quoique tendre, déjà fort,
Les membres sains, l'âme ravie,
Que peut-il savoir de la mort?

Une pauvre enfant de chaumière
Hier vient à moi; l'air vagabond;
Ses blonds cheveux pleins de lumière
Tombaient en grappes sur son front.

On eût dit une fleur sauvage;
Ses habits étaient en lambeaux;
Huit ans : elle me dit son âge;
Et ses yeux étaient beaux, très beaux.

Tout content de la voir si belle :
« Frères et sœurs, dis-moi cela,
Combien êtes-vous? » — « Sept, » dit-elle.
Et son œil étonné brilla.

« Où sont-ils? » — « C'est sept que nous sommes;
Deux sont à Cornway, n'est-ce pas?
Les deux autres, qui sont des hommes,
Sont partis pour la mer, là-bas.

« Deux sont couchés au cimetière,
Mon frère et ma sœur, tous les deux;
Moi, monsieur, je suis la dernière;
Ma mère et moi vivons près d'eux. »

— « Deux sont à Cornway, ma chérie;
Deux en mer; vous dites pourtant :

« Nous sommes sept ! » Mais, je vous prie,
Expliquez-vous, en bien comptant.

« Deux sont couchés au cimetière :
Vous n'êtes donc pas sept ! » — « Mais si !
Voyez, près de notre chaumière :
On peut voir leur tombe d'ici.

« Regardez comme l'herbe est haute
Sur la tombe verte au soleil !
On les a couchés côte à côte,
Pour qu'ils aient chaud dans leur sommeil.

« Souvent, près d'eux, assise à terre,
Je chante en tricotant mes bas,
Comme pour eux chantait ma mère,
Afin qu'ils ne s'éveillent pas.

« Parfois, quand la soirée est belle,
Près d'eux, pour manger mon dîner,
J'apporte ma petite écuelle,
Mais je ne peux rien leur donner.... ».

A ce mot, je voulus lui dire
D'où vient la mort et ce que c'est;
Mais elle, avec son frais sourire :
Oh! non, monsieur, nous sommes sept! »

SUR UN TOMBEAU.

Être enfant; ignorer que la vie éphémère
    Fuit comme l'azur d'un ruisseau;
Ne pas sentir, bercé par le chant d'une mère,
    Le temps entraîner le berceau;
Ne pas sentir qu'on est comme dans une barque
    Que pousse un flot toujours plus fort,
Et tel, ne sachant pas qu'on porte au front la marque
    De la douleur et de la mort,

Mourir enveloppé de blancs et légers voiles,
    Où de beaux lys versent des pleurs,
Sans avoir vu jamais, la nuit, que les étoiles,
    Et, durant un jour, que les fleurs !

LA MÈRE.

D'APRÈS KERNER.

Front pâle sur le blanc coussin,
Vous dites que la mère est morte ;
Où donc est l'enfant ? Qu'on l'apporte,
Et qu'on le pose sur son sein.

Sur le lit de blanche dentelle,
Voici l'enfant entre ses bras...
Si la mère ne le sent pas,
Tout est fini. Priez pour elle.

LES DEUX LYRES.

> Ce petit inventeur de lyre se nommait
> Alphonse de Lamartine.
>
> J. A.

I

Je sais comment on fait des lyres ! — Si tu veux,
Dit l'enfant (et sa sœur l'écoute recueillie),
D'un bout à l'autre bout d'une tige qui plie,
Pour cordes, je tendrai sept de tes longs cheveux. »

Il courbe savamment, selon la règle apprise,
Un brin de coudrier qu'il choisit souple et fin ;
Les sept fils d'or vivant y sont fixés enfin,
Les blonds cheveux tendus que le soleil irise,

Ces fils qu'à peine on voit, tout mêlés aux rayons,
Quelle main, sans briser ces fibres de lumière,
Y tentera l'accord d'une gamme première?
Quel frôlement léger d'aile de papillon?

Les enfants suspendront parmi les jeunes roses
La lyre éolienne au rosier parfumé,
Et les âmes qui sont dans les souffles de mai,
Les esprits du printemps seront les virtuoses.

Et les enfants, la joie éclairant leurs grands yeux,
Vers la lyre tous deux penchés, prêtent l'oreille,
Et chacun tour à tour de plus près s'émerveille
D'ouïr chanter au vent les sept fils d'or joyeux.

« Dieu! la belle musique! » Or, l'enfance est changeante.
— « Dis, si nous essayions avec des cheveux blancs? »
L'aïeule rêve, assise. Ils ont, voleurs tremblants,
Pris de ses blancs cheveux à l'aïeule indulgente.

Sinon qu'elle a des fils d'argent et non plus d'or,
Une seconde lyre, à l'autre en tout pareille,
Déjà vibre.... Eux, penchés, déjà prêtent l'oreille....
Les deux luths rendront-ils un seul et même accord?

— « Oh ! disent les enfants, oh ! la belle musique ! »
.... Nous n'y pourrions ouïr que des soupirs plaintifs :
Mais les enfants, ravis, l'écoutent attentifs
Comme au récit joyeux d'un beau conte féerique.

C'est que, — lyre d'argent, — ils ignorent encor
Ce que tu dis pleurante au vent qui te caresse....
Et nous n'entendrons plus l'histoire enchanteresse
Que tu leur dis tout bas, petite lyre d'or.

LE GRAND-PÈRE.

J'ai connu ce vieillard encor vaillant et beau,
Qui de son pas égal marchait vers le tombeau
Sans désirer la mort ni regretter la vie.
Il est mort ce matin, digne vraiment d'envie....
Oh! quand l'heure viendra de leur dernier sommeil,
A ceux que nous aimons Dieu donne un sort pareil!
Jugez-en : aujourd'hui c'est en juin que nous sommes,
Dans le mois chaud qui met la joie au cœur des hommes.
Où le pampre verdoie, où tout n'est que chanson,
Où le bruit des épis annonce la moisson.
Le blanc vieillard, ouvrant dès l'aube sa croisée,
A regardé les blés tout pâles de rosée,

A la fois verts et blonds sous le soleil levant.
Il a vu, tout au loin, au gré d'un léger vent,
Tandis qu'au ciel brillait une dernière étoile,
Un navire rentrer au port à pleine voile,
Et tout à coup, sentant qu'il s'évanouissait
Dans ce jour magnifique et doux qui commençait,
Au bruit des nids en fleurs et de la moisson verte,
Sentant son âme fuir comme une voile ouverte,
Sans bien savoir pourtant qu'il devait ce matin
Comme un livre qu'on ferme accomplir son destin,
Il a sur ses genoux pris sa petite-fille,
Son petit-fils, derniers venus dans la famille,
Les deux enfants, l'espoir de son fils, et l'orgueil.
Il les tenait, riant, assis dans son fauteuil,
Heureux de rapprocher leurs têtes adorées,
Passant ses doigts tremblants dans les boucles dorées,
Les baisant tour à tour, retrouvant dans leurs yeux
L'aube qu'il vit tantôt naissante au fond des cieux ;
Puis, les ayant pressés sur son cœur en silence,
Il est mort. C'est ainsi, quand le printemps commence,
Quand l'enfance d'avril sourit à l'Orient
Que l'hiver, blanc vieillard, meurt en lui souriant.

DEUXIÈME PARTIE.

             AUX ENFANTS.

IMPRESSIONS D'ENFANTS.

SOUVENIRS.

INTÉRIEUR.

Lorsque l'on est encor petit et que vient l'heure
Où le jour n'est plus là sans qu'il fasse encor nuit,
Quelle joie! Au dehors c'est l'hiver, le vent pleure;
Au dedans le feu clair danse et flambe à grand bruit.

— « N'allumez pas encor la lampe. Chut! silence!
Grand'mère, contez-nous l'Ogresse ou l'Oiseau bleu. »
Dans l'horloge de bois le tic-tac se balance;
Le grillon fait son cri, le chat dort près du feu.

La troupe des enfants, assise en rond écoute.
Ah! que ce conte est beau! qu'il fait peur et plaisir!
Mais la soupe est fumante : allons, quoi qu'il en coûte,
L'histoire s'entendra demain plus à loisir.

La lampe est arrivée en même temps. Tout brille.
Qu'il fait bon vivre, autour de ces plats réchauffants,
Dans l'ordre et dans la paix de l'honnête famille,
A la table où vous rit une troupe d'enfants!

A la fin du repas, la nappe blanche ôtée,
Ils admirent, d'un œil quelquefois endormi,
La boîte de couleurs le jour même achetée
Et le grand livre d'or, présent d'un vieil ami.

Oh! les rires d'enfants, comme cela résonne!
Le plus jeune, surpris dans sa chaise dormant,
Fait le tour du salon sur les bras de sa bonne
Et dit bonsoir d'un ton plein d'ennui, mais charmant.

Puis le livre est ouvert sous l'éclat de la lampe.
Des images, bon Dieu! des rivières! des ponts!
Et les enfants courbés, se touchant de la tempe,
On voit les cheveux noirs mêlés aux cheveux blonds.

Ah! que de joie autour de ce livre d'images!
Jeunes et vieux parents se regardent, heureux;
Et les anges gardiens des enfants qui sont sages
Retrouvent à les voir le ciel quitté pour eux.

LE CHAUME.

Pas de fleurs ; la moisson avait pris dans ses gerbes
    Les bluets aux yeux bleus,
Et le chaume restait, — plein de mauvaises herbes, —
    Sur un sol rocailleux.

Et l'enfant, roi du parc immense, un vrai royaume,
    Devant ce dur chemin,
Voyant que je voulais traverser l'âpre chaume,
    Abandonna ma main.

Viens, lui dis-je. L'enfant refuse et moi j'insiste.
  Lui, les pleurs l'étouffant,
Répète : « Pas par là ! — Pourquoi ? — L'HERBE EST TROP TRISTE !
  — Ah ! malheureux enfant !

« Que dis-tu ? D'où viens-tu ? N'es-tu pas fils des hommes ?
  De leur limon pétri ?
Tu ne connais donc pas l'argile dont nous sommes !
  Quel lait t'a donc nourri ?

« Te voilà refusant de marcher dans ma voie
  Parce qu'elle est sans fleurs !
Penses-tu que la vie est une longue joie ?
  Ignores-tu les pleurs ?

« Penses-tu que les champs, les bois, toute la terre,
  Ne soient qu'un grand jardin ?
Personne ne t'a donc raconté ce mystère :
  La perte de l'Éden !

« Tu crois que tout est jeu dans ce monde, et paresse !
  Mais en es-tu bien sûr ?
Viens, avance avec moi sur la terre où se dresse
  Le chaume ardent et dur !

« Viens ! je suis le plus fort ; tu pleures ? je t'emmène !
    Marche donc ! je le veux ! »
Et l'enfant me suivit à la fin, non sans peine,
    Des larmes plein ses yeux.

Je lui dis : « Dans ce champ D'HERBE TRISTE où nous somm[es]
    Fut faite la moisson ;
C'était ton pain qui fut semé là par des hommes ;
    Retiens cette leçon !

« Ils ont d'abord creusé sur cet espace immense
    Plus d'un sillon étroit....
Quand ils vinrent ensuite y jeter la semence,
    Il soufflait un vent froid.

« Puis la crainte que l'eau noyât les blés en herbe
    Leur ôta le sommeil ;
Puis ils sont revenus les couper gerbe à gerbe
    Sous un ardent soleil.

« L'homme doit travailler, peiner tant qu'il existe :
    Voilà l'humanité !
Quand on pense à cela, la terre est toujours triste,
    L'hiver comme l'été ! »

11.

.... Alors voyant l'enfant, qui comprenait sans doute,
  Hardi, presser le pas,
En le baisant au front, — pour achever la route
  Je le pris dans mes bras.

CE QU'A FAIT PIERRE.

Voici ce qu'a fait Pierre étant encor petit :

Mon père était marin, me dit-il; il partit
Loin de nous, plusieurs fois, pour une année entière....
(Je vous répète là les mots que m'a dit Pierre.)
.... Et j'avais vu ma mère, aux soirs d'hiver, souvent
Pleurer, les yeux fermés, en écoutant le vent.
« Pourquoi fermer les yeux, ma mère? » lui disais-je.
« — Ah! me répondait-elle, enfant, Dieu nous protège !
C'est pour mieux regarder dans mon cœur.— Qu'y vois-tu?
— Un navire penchant, par les vagues battu,

Et qui porte ton père à travers la tempête ! »
Alors, pour m'embrasser elle avançait la tête,
Et moi je lui disais à l'oreille, tout bas :
« Je veux le voir aussi ; je ne pleurerai pas. »

Mon père revenu, grande réjouissance.
La maison oublia les tourments de l'absence,
Mais moi j'avais toujours présents les soirs d'hiver
Où le vent fait songer aux navires en mer !
Et quand mon père allait pour sortir, fût-ce une heure,
Il disait, mécontent : « Voilà Pierre qui pleure ! »
Ma mère me prenait alors entre ses bras,
Et quelquefois mon père, ému, ne sortait pas.

Un soir que je semblais endormi sur ma chaise,
Après souper, ma mère et lui causaient à l'aise ;
Et mon père disait : « Demain, le bateau part ;
« C'est très loin, mais on fait escale quelque part ;
« Je t'écrirai de là ; sois paisible à m'attendre.
« Quand à Pierre, il est bon ; mais trop faible, trop tendre ;
« Il faut une âme forte aux enfants des marins !
« Je n'aime pas ces pleurs, ces cris, ces grands chagrins.
« Il m'est dur de quitter un garçon de son âge
« Sans l'embrasser, de peur qu'il manque de courage !

« Il faut que je le voie un homme à mon retour !
« S'il savait que demain je pars au point du jour,
« Quel désespoir ! J'entends partir sans qu'on l'éveille. »

Ainsi parlait mon père, et je prêtais l'oreille !
C'était mal d'écouter, je vous en fais l'aveu :
Le bien que j'en tirai du moins m'excuse un peu.
Voici. Je me dis : Pierre, ayons « une âme forte ! »
Et quand le lendemain mon père ouvrit sa porte,
A la pointe du jour, doucement, doucement,
Il me vit en travers de la porte — et dormant
Sur le tapis du chien, tous les deux côte à côte.
Je m'éveille. Ma mère accourt ; moi, tête haute :
« Tiens, je ne pleure pas ! je suis un homme, vois,
« Mon père !... »

     C'était lui qui pleurait cette fois.

LA MORT DE RAPHAEL.

Dans le grand cabinet, plein de livres épars
Dont je faisais des forts, des soldats, des remparts,
Pour des guerres sans nom, folles, désordonnées, .
Combien, ayant trois ans, j'ai passé de journées !

Mon père, quelquefois, m'enlevant dans ses bras :
« Tous les livres qui sont à terre, tu pourras,
Disait-il, en jouer; mais sois bien raisonnable,
Et ne touchons jamais aux papiers sur ma table ! »
Alors, il me donnait un baiser sur le front,
Me remettait à terre et sortait. — J'étais prompt,
Lui dehors, à courir au cabinet d'étude...,

Ah ! ce grand cabinet ! l'étrange solitude !
Les livres empilés me le rendaient obscur.
Une carte du monde était fixée au mur,
Jaune, mystérieuse avec son cercle double,
Et je n'ai jamais pu la regarder sans trouble :
Quoi ! ce monde, si grand à ce qu'on m'assurait,
Il était sur le mur ! c'était là son portrait !
Et vite, j'aimais mieux voir les hommes de plâtre
Qui me semblaient, là-haut, faire comme un théâtre
Sur le dernier rayon des livres défendus.
J'aimais aussi beaucoup les cadres suspendus
Où Molière riait, tout jeune, au vieux Corneille ;
Mais les livres, c'était la plus grande merveille.
Volontiers, m'asseyant, je lisais à l'envers
Plusieurs in-folio péniblement ouverts,
Et là, suivant du doigt les noires longues lignes,
Je rêvais au récit caché dans tous leurs signes....
Sans doute ils renfermaient des contes merveilleux ;
Mon père les comprend parce qu'il est plus vieux....
Les livres !... Ils ont tous un nom dont on les nomme,
Et sont un peu vivants, puisqu'ils parlent à l'homme !
Quand je pensais cela, — pris d'un certain effroi
Je promenais des yeux furtifs autour de moi,
Mais les vieux écornés de ma dernière guerre

N'avaient pas l'air terrible et ne m'effrayaient guère,
Et nous en revenions ensemble au jeu permis.
Tous alors semblaient prendre un bon regard d'amis,
Quoique l'un d'eux, trop lourd, un géant solitaire,
M'ait toujours regardé d'un air plein de mystère....
Je ne sais pas encor ce qu'il aurait voulu :
Il est resté trop gros et je ne l'ai pas lu....
Mais les autres étaient des êtres à ma taille;
J'en faisais des soldats qui se livraient bataille,
Des maisons, des chevaux, des villes, des canons,
Mêlant tous les formats, confondant tous les noms,
Et comme un vrai savant je vous jetais par terre
Rousseau, tome par tome, à grands coups de Voltaire.

C'est là qu'un jour, parmi cette odeur de combats,
Je ramassai (quel vent l'avait jetée à bas?)
Une image par terre; à terre, elle était mienne;
Et quand mon père entra, sa gravure ancienne
Était en trois morceaux entre mes mains d'enfant,
Et je me proclamais général triomphant!
Je l'avais lentement et très bien déchirée.
Ah! quel regard me fit mon père à son entrée!
Il ne me gronda pas, mais fronçant le sourcil :
« Sais-tu ce que tu viens de faire, Jean? » dit-il;

Et des débris rejoints recomposant l'image :
« Vois-tu bien, me dit-il, ce jeune et beau visage ?
Tu l'as détruit ! Pourtant ton cœur n'est pas mauvais !
C'était un homme doux et fier. Si tu savais !
Il faisait des tableaux si beaux — que chacun l'aime.
On y voyait la Vierge et le bon Dieu lui-même,
Des enfants endormis et des anges du ciel....
Et tu l'as déchiré ! mon pauvre Raphaël ! »

Mon cœur, à chaque mot, se gonflait de tristesse ;
Bon Dieu ! quel désespoir et quel malheur était-ce !
J'éclatai, sanglotant, et pleurant à grand bruit
Tous les pleurs de mes yeux sur Raphaël détruit !
Ce remords, quelque temps, m'a gâté toute joie :
Il ne fera donc plus des tableaux où l'on voie
Des enfants endormis et des anges du ciel !

Et je me reprochais la mort de Raphaël.

LA FORÊT.

On entra dans le bois ; nous étions très nombreux,
En famille ; et marchant et devisant entre eux,
Les hommes avaient pris l'avance ; (je tiens compte
Des détails, car la chose est comme je la conte.)
Et moi, d'être avec eux, je pensais en chemin :
« Je suis homme ! » Mon père avait quitté ma main ;
Et le sourd grondement de la forêt qui bouge,
Les histoires de l'Ogre, et du Chaperon-Rouge
Qui fit au fond du bois la rencontre du loup,
Ne m'inquiétaient pas du tout, non, pas du tout.

Les taillis, clairsemés d'abord sur la lisière,
Devinrent plus épais avec moins de lumière,

Mais en me retournant je pouvais voir encor,
Entre les mille troncs des arbres, un trait d'or,
C'est-à-dire le ciel, le soleil et la joie.

Sous l'oiseau qui s'envole une tige qui ploie ;
La goutte d'eau qui tremble au bout d'un fin rameau
Et qui tombe, et que suit une autre goutte d'eau ;
Le velours si profond des libellules bleues ;
De furtifs écureuils s'ombrageant de leurs queues,
Tout cela m'a distrait du chemin parcouru,
Et loin derrière nous le ciel a disparu.
Jetant de tous côtés les yeux, non sans bravoure,
Je m'aperçois alors que la forêt m'entoure....
Oh ! la forêt ! qui dit : Tu n'échapperas pas !
Géant aux mille pieds, aux millions de bras,
Qui rampe, qui se tord, se suspend sur vos têtes,
Et qui respire avec le souffle des tempêtes !

Or, ayant regardé longtemps autour de moi,
Le cœur gros et saisi par un étrange émoi,
J'éclatai brusquement en sanglots....— « L'enfant pleure ! »
Mot magique, auquel ceux qui riaient tout à l'heure,
Et les femmes surtout, s'attristent : « Qu'a l'enfant ? »
Moi je ne parlais pas, les larmes m'étouffant.

Et puis comment conter le trouble qui m'oppresse ?
Que dire ? Avais-je peur ? Non ; l'enfant qu'on caresse,
L'enfant qui tient la main du père n'a pas peur.
Et mon père incliné me pressant sur son cœur :
« Où souffres-tu, dis-moi ? Mon enfant est malade !...
Parle, es-tu fatigué ? Maudite promenade ! »
Quand mes sanglots calmés me rendirent la voix,
Je dis : « C'est qu'il y a... trop d'arbres dans ce bois ! »

On comprit ; et voyant même rire une femme,
Je souris confiant, bien qu'attristé dans l'âme.
Vagues terreurs des bois, qui ne vous ressentit !
O Nature ! on a beau cesser d'être petit,
Nous avons tous un jour, pâles, l'âme serrée,
Sous tes arbres plaintifs connu l'horreur sacrée :
Mais l'enfant après tout songe, se rassurant,
Que l'homme est là, non loin, puissant puisqu'il est grand.
Tandis que l'homme, lui, perdu dans ton mystère,
O Nature ! se voit fragile et solitaire.

LA LEÇON DE LECTURE.

« Monsieur Jean, vous lirez l'alphabet aujourd'hui. »
J'entends encor ce mot qui faisait mon ennui.
J'avais six ans. J'aimais les beaux livres d'images ;
Mais suivre ces longs traits qui noircissent des pages,
Ce n'était point ma joie, et je ne voulais pas.
Pourtant, quand je voyais un peu d'écrit au bas
Des villes, des bateaux, des ciels aux blanches nues,
J'étais impatient des lettres mal connues,
Qui m'auraient dit le nom des choses et des lieux.
Savoir est amusant, apprendre est ennuyeux :
J'aurais voulu savoir et ne jamais apprendre !
Et lorsqu'on me parlait d'alphabet, sans attendre

Qu'on eût trouvé le livre effrayant, j'étais loin !
Où ? qui le sait ! L'enclos a plus d'un petit coin
Où, parmi le fenouil, le romarin, la mauve,
Un enfant peut guetter l'insecte qui se sauve,
Et se sentir perdu comme en une forêt ;
J'étais là, prêt à fuir dès que l'on m'y verrait.
Quand surgissait enfin l'aïeul avec son livre,
Je glissais par des trous où nul n'eût pu me suivre,
Et... cherche, bon grand-père, où l'enfant est niché !
Un jour on me trouva dans un figuier perché ;
Un autre jour, prenant au bon moment la porte,
J'entrai dans les grands blés du champ voisin, en sorte
Que j'entendis ces mots derrière notre mur :
« Il n'a pas pu sortir ! — En êtes-vous bien sûr ?
— Certes ! le portail sonne et la muraille coupe. »
Et grand-père ajoutait : « Je l'attends à la soupe ! »

Comme l'oiseau privé fuit, mais retourne au grain,
Il fallait revenir, le soir, d'un ton chagrin
Dire à mon grand-papa : « Demain je serai sage ! »
Un jour : « Monsieur l'oiseau, je vais vous mettre en cage,
Dit le bon vieux, sévère, — et vous n'en sortirez
Qu'après avoir bien lu. — Mais, mon grand-père... — Entrez !
J'étais pris par le bras comme un oiseau par l'aile ;

Nos poules, dans l'enclos, piquaient l'herbe nouvelle :
Leur cabane était vide ; on m'y fit entrer — seul,
Et le livre s'ouvrit dans les mains de l'aïeul !
Et que de fois les gens qui venaient en visite
Me virent, à travers la barrière maudite !
Et tous riaient, disant : « Ah ! le petit vaurien ! »
Ou : « Le joli pinson ! et comme il chante bien ! »
C'est qu'appuyant mon front aux losanges des grilles,
Il fallait tout nommer, lettres, accents, cédilles,
Sans faute, et la prison me fut bonne en effet,
Car pour vite en sortir que n'aurais-je pas fait !

LE PAYS MERVEILLEUX.

Je connais, mes enfants, un pays merveilleux,
Où dans le ciel doré volent des oiseaux bleus
    Qui sont des rêves et des âmes;
Là, tout s'agite et vit, les forêts, les oiseaux,
Avec un bruit égal, — comme font les berceaux
    Balancés par la main des femmes.

Là, sont, tout vêtus d'or, des soldats et des rois,
Des bergers dont la flûte enchante les grands bois.

Des enfants tout petits à qui sourit leur mère....
Qui vous y mènera, mes enfants par la main?
Un bon vieux d'Ionie, un jeune et doux Romain,
Le jeune homme Virgile et le vieillard Homère.

Il est d'autres pays voisins, bien beaux encor!
Et tous ces pays-là, brillants d'azur et d'or,
  Sont les Royaumes de la Lyre....
Apprenez l'alphabet, vite, je vous le dis.
Car dans ce monde heureux, beau comme un paradis,
  On ne va que lorsqu'on sait lire.

LE PANIER DU GOUTER.

Mes livres ficelés battant sur mon échine,
J'allais par les sentiers à l'école voisine,
Le long du petit bois, puis le long du marais,
Tous les matins; j'allais ainsi, plein de regrets,
Triste quoique distrait pour un frelon qui vole,
Portant dans un panier mon goûter à l'école.
Cher petit panier blanc qui pendait à mon bras!
Comme je regardais dedans à chaque pas
Et comme j'y songeais tout le long de la route!
Eh quoi! par gourmandise? hélas! un peu sans doute,
Mais surtout par plaisir d'avoir dans mon panier,
A l'école où j'étais tout un jour prisonnier,

Quelque chose qui vint de la maison chérie.
Tel l'exilé voudrait emporter la patrie,
Enclos, maison, j'aurais voulu tout emporter
Dans le panier d'enfant où j'avais mon goûter.

Un jour, pour ce panier, bien plus que d'habitude
Je laissai voir mes soins et mon inquiétude.
Qu'a-t-il donc? quels beaux fruits, quels gâteaux merveilleux,
Se disaient les moineaux, dévore-t-il des yeux?
Et le maître, au moment où je passais la porte :
« Qu'est-ce, dans ce panier, que cet enfant m'apporte? »
Je le revois toujours qui s'avance et le prend;
Il l'ouvre et moi je tremble, et, pour me faire grand,
Sur la pointe des pieds tout debout, je regarde :
« Elles volent déjà, disais-je, prenez garde !
C'est un cadeau qu'hier mon grand'père m'a fait,
Voyez-vous!... » Et, tandis que je parle, en effet,
Du fond de mon panier, où je n'avais rien qu'elles,
S'élancent toutes deux mes chères tourterelles !

Ainsi, le même jour, amis, j'appris enfin
Que la joie et les pleurs dispensent d'avoir faim.

LA FIN DU MONDE.

Sur les bancs de l'école un bruit avait couru :
« Demain la fin du monde! » Et moi qui l'avais cru,
Lorsque tinta la cloche, à l'heure où de l'école
La troupe des enfants avec des cris s'envole,
Je m'en allai muet, triste, vers la maison,
Sans rien voir, ni le jour mourant sur l'horizon,
Ni le sentier menu qu'une fourmi traverse,
Ni là-bas, au tournant du vieux mur, sous la herse,
Le creux où l'eau s'amasse attirant les oiseaux,

Ni les rubans jaunis et bruyants des roseaux
Que dans son vol strident frôle la libellule,
Rien de ce qui s'émeut quand vient le crépuscule....

« Nous allons tous mourir ! on l'a dit. C'est demain ! »
Je répétais ces mots tout le long du chemin ;
J'en tirais clairement toutes les conséquences,
Je pensais : « Tous mourir ! Et si près des vacances !
En été ! quand les blés sont mûrs, bons à couper !
Vienne donc la moisson, le soir après souper
Nous n'irons pas sur l'aire, où les pailles sont molles,
Courir et nous pousser avec des cabrioles,
Et nous asseoir ensuite en écoutant les vieux
Quand la lune est tout près de terre, au bas des cieux ! »
Puis songeant à l'école, à l'air grave du maître :
« Encor si cette fin du monde pouvait être
Un jeudi ! mais aller à l'école, en prison,
Pour mourir ! et peut-être en disant ma leçon ! »
Ainsi je raisonnais d'une façon profonde,
Et je rêvai, la nuit, de cette fin du monde !
« Si grand-père voulait, me dis-je à mon réveil,
Il ne m'enverrait pas en classe, un jour pareil !
Si j'osais lui parler du malheur qui s'approche ! »
Pourquoi n'osai-je pas, quand d'un ton de reproche

Il vint me dire : « Jean, que fait-on ce matin?
Travaille, si tu veux qu'on te mette au latin!
A l'école! » — Il fallut partir, coûte que coûte ;
Je partis, mais le cœur me défaillit en route.
« Je veux mourir ici : je n'irai pas plus loin ! »
C'est pourquoi je m'assis dans un grand tas de foin,
Où je fondis en pleurs!... « Plus de jeu dans les herbes,
Plus de rires le soir sur les meules de gerbes !
Adieu le ciel, l'enclos, mon grand-père et mon chien!... »
Quand tout à coup l'aïeul apparaissant : « Eh bien,
Que fait-on là? » J'entends sa voix douce et qui gronde.
« Oh! lui dis-je pleurant, j'attends la fin du monde ! »
Et comme il souriait, d'un grand air de raison
J'ajoutai : « J'ai voulu mourir à la maison ! »

O temps! ô souvenirs! émotion première!
Comme je vous aimais déjà, fleurs et lumière!
Collines, bois sacrés, bon soleil réchauffant,
Oh! je t'aimais déjà, Nature, tout enfant,
Mais j'ignorais alors, tremblant que tu ne meures,
Que c'est nous qui passons, devant toi qui demeures!

GAGNER SON PAIN.

Qu'avais-je entendu dire ? un mot très juste en somme :
« Tant qu'on ne gagne pas sa vie, on n'est pas homme ! »
Et je voulais gagner mon pain. Oui, mais comment?
« Je serais, si j'avais deux chevaux seulement,
Le cocher dont le fouet claque dans la grand'rue.
Je me ferais pêcheur de thon et de morue
Si j'avais seulement un bateau, recouvert
D'une tente à festons, tout neuf et peint en vert ! »
Or, je me répétais un jour ces belles choses,
Quand, sous un grand fagot de bruyère à fleurs roses,

Pierre vint à passer, le petit paysan.
Je dis : « Les belles fleurs ! » Et lui : « Ramassez-en !
— Les portes-tu bien loin ? Qu'en fera-t-on, dis, Pierre ?
— Je ne sais pas, fit-il, mais c'est de la bruyère ;
Je vais dans la colline ; il en vient tant là-bas !
Je coupe la bruyère et je l'arrange en tas,
Puis je fais des bouquets que le monde m'achète.
— Si j'allais avec toi ? » La chose ainsi fut faite.
Nous partîmes tous deux en vaillants journaliers.

On eut beau me chercher dans mes coins familiers,
Dans la niche du chien, près du puits, sous la treille....
« Je vais vous ramener mon Jeannot par l'oreille, »
Dit grand-père, qui crut m'avoir sans me chercher
Lorsqu'il vit le repas de midi s'approcher.
Mais Pierre avait du pain, de l'eau pure et des pommes,
Et nous mangions là-haut, tout seuls, comme des hommes !

O souvenirs charmants ! quel poème il ferait,
L'homme resté naïf qui vous raconterait !
Tout m'est encor présent : mon compagnon qui chante,
Le soleil inondant la colline penchante,
Nos outils, bientôt lourds, oubliés sur le sol
Pour quelque papillon trop brusque dans son vol,

Les fagots commencés, la bruyère fleurie
Qui nous semble un vrai bois plein de sauvagerie,
Les bêtes qu'on poursuit d'un regard attentif,
Et l'orgueil d'être là, seul, libre... un peu craintif !

LA MORT.

Je sais que cet enfant, dont la mère était morte,
Un jour n'était pas sage; et comment? il n'importe;
Mais sa sœur qui l'aimait beaucoup, sa grande sœur
Qui lui parlait toujours avec tant de douceur,
Qui l'entourait de soins comme une mère tendre,
Lui dit: « Sois sage ! » Et lui semblait ne rien entendre,
Et — quand il aurait dû rester — allait courir.
Elle lui dit : « Vois-tu, tu me feras mourir! »
Mourir? on ne sait pas ce que c'est à son âge,
Et le méchant petit ne devint pas plus sage.

Elle fit donc semblant d'être morte vraiment,
Et resta sur sa chaise immobile et dormant.

L'enfant s'approche d'elle et dit : « Ma sœur chérie ? »
Sa sœur ne répond pas. Il parle encore, il crie,
L'appelant par son nom, plus fort, toujours plus fort...
Ne plus pouvoir bouger, mes enfants, c'est la mort.
Et le pauvre petit : « Tu vois bien que je pleure,
Ma sœur ! console-moi ; tu m'aimais tout à l'heure...
Tu ne m'aimes donc plus ! Oh ! prends-moi dans tes bras !
Sois vivante ! je fais tout ce que tu voudras.... »
Elle, les yeux fermés, restait toujours muette.

Lorsqu'on n'obéit pas, lorsqu'on fait à sa tête,
O toi, fille ou garçon qui m'écoutes, apprends
Qu'on fait mourir plus tôt sa mère et ses parents ;
C'est vrai que le chagrin les fait mourir plus vite !
Et pour devenir sage il est trop tard ensuite,
Car les morts ne voient pas, les morts n'entendent pas,
Et l'on a beau crier et leur tendre les bras,
Les baiser doucement, leur parler à l'oreille,
Ils sont comme endormis et rien ne les réveille....

Mais la sœur du petit dont je parle riait,

En cachette, de voir que son frère criait
Tout en pleurs, promettant toujours d'être plus sage;
Et son rire à la fin parut sur son visage!
Elle n'eut plus sujet d'être morte, et, contents,
Tous deux en s'aimant bien vécurent très longtemps.

LE MAL DU PAYS.

« On sait mieux le français au pays de la neige :
Éloignons cet enfant de nous, se dirent-ils ;
Il faut que les garçons apprennent les exils. »
Et l'on m'envoya loin, à Mâcon, au collège.

Oh! comme je pleurais là-bas, pauvre petit!
Mes compagnons de classe en ont gardé mémoire,
Et ceux qui m'ont revu m'en ont redit l'histoire :
Plus de gaîtés d'enfant, de jeux ni d'appétit.

Et mes grands yeux, encore agrandis par la fièvre,
Poursuivaient fixement le songe du retour ;
Je mourais d'un regret de soleil et d'amour ;
Les lettres du pays ne quittaient plus ma lèvre.

Pourtant les bois sont beaux où l'on allait courir :
Mais est-ce la beauté que, si petit, l'on aime ?
Et je me repliais, frissonnant, sur moi-même,
Comme un oiseau blessé se blottit pour mourir.

Voulant m'ôter du cœur la Provence lointaine,
Des mères par pitié m'embrassaient quelquefois....
Leur baiser m'était doux, mais j'entendais leur voix :
Quel accent étranger m'eût guéri de ma peine ?

O seuils hospitaliers, merci !... je me souviens !
Je vis alors Saint-Point (où la Muse en deuil pleure) ;
J'entendis, essuyant mes larmes pour une heure,
Lamartine indulgent me parler de ses chiens.

Mais ni le châtelain, dont je savais la gloire,
Ni les dames m'offrant les gâteaux et le miel,
Ni tant d'amis nouveaux n'effacèrent ton ciel,
Provence, de mon cœur tout plein de ta mémoire.

Le soleil n'avait pas de ces rayons joyeux
Qui semblent souhaiter à tous la bienvenue;
Je vis qu'assombrissant leur figure inconnue
Les choses m'accueillaient avec de mauvais yeux;

Oui, là, je me sentais indifférent aux choses,
Car elles ont des yeux qui s'animent parfois;
Et c'est ce qui fait peur aux enfants dans les bois :
Ils devinent dans tout des paupières écloses.

Chez nous, je ne craignais ni le roc endormi,
Ni l'antre plein d'échos, ni la falaise amère;
La terre, m'accueillant comme une bonne mère,
Disait aux bois émus : C'est le petit ami !

La nature m'aimait là-bas, m'ayant vu naître,
Car les faibles sont siens, des nids jusqu'aux berceaux.
Elle me supportait comme un de ses oiseaux;
Mais la nature ici ne pouvait me connaître....

Et même à la cité, toits aigus des maisons,
Pavé sombre et murs noirs, rien n'avait de tendresse.
Je tournais mes regards vers le midi sans cesse,
Mais la pluie à longs traits barrait les horizons.

Oh! pensais-je, palmiers, aloès, plantes grasses!
Quand vous verrai-je encor, doux hiver, âpre été,
Murs tout blancs de poussière ardente et de clarté,
Et vous, toits du pays faits comme des terrasses?

Ah! rien ne m'aime ici! je suis comme perdu!
Si ce cri m'échappait, on me fermait la bouche;
Mais, les soirs, grelottant dans mon étroite couche,
Je me livrais sans fin au regret défendu.

Je voyais tour à tour les départs, l'arrivée,
Et toujours mon grand-père était devant mes yeux,
Assis près du portail, prolongeant les adieux,
Me saluant au loin de sa canne levée.

Il fallut m'emporter en Provence, un beau jour,
Ce rêve intérieur m'ayant consumé l'âme....
Le soleil ralluma ma vie avec sa flamme;
O souvenir sacré, ce moment du retour!

J'avançais, et les pins, les collines natales,
Vite me racontaient tout mon petit passé :
« J'avais fait une chute au bord de ce fossé;
Là, j'avais pris un nid, et plus loin des cigales. »

Au fils devenu grand, longtemps abandonné,
La mère conte ainsi son enfance première :
Un amour maternel était dans la lumière,
Quand je revis enfin la terre où je suis né.

PREMIER EXIL.

Oh! mon premier exil! que de fois j'y reviens!
La vie avec ses maux ni l'art avec ses biens,
Rien ne peut effacer du fond de ma mémoire
Les plus humbles détails de cette simple histoire.
Hélas! ce temps me fit tel que je suis resté :
Un songeur qui revoit le pays regretté,
Un enfant qui ne peut vivre seul, et qui pleure
Loin du seuil interdit de la vieille demeure.
Ah! beaux petits amis grimpés sur mes genoux,
Lorsque nous vous parlons sans rire, écoutez-nous

Du même air attentif que vous savez bien prendre
Pour le conte amusant qu'il vous plaît mieux d'entendre.
Voyez-vous, chers petits, tout n'est qu'exils, adieux,
Et départs. Les enfants voient s'en aller les vieux,
Les mères leurs enfants, comme l'enfant sa mère.
L'homme est toujours proscrit, de plus d'une manière....
C'est pourquoi s'il vous faut quitter votre maison,
Faites-le sans pleurer, d'un effort de raison ;
Puis, écoliers captifs des leçons et des grilles,
Dites-vous, en songeant aux lointaines familles,
Qu'on ne sait faire bien que ce que l'on apprend....
Il faut savoir souffrir pour quand on sera grand.

Moi qui vous parle ainsi, je ne fus pas très brave
Quand pour le professeur, qui parlait d'un ton grave,
Pour le collège, hélas ! que je nommais prison,
J'eus laissé mon grand-père au loin et ma maison :
« Avant de voir nos champs et nos collines bleues,
« De ce côté là-bas il faut faire cent lieues ! »
Les jours de promenade et les jours de congé,
Je me parlais ainsi dans mon cœur affligé,
Car pour moi, fils du Sud, né sur les blancs rivages,
Dans les pins murmurants et les figuiers sauvages,
Les coteaux bourguignons étaient des champs de mort

Et la Saône au ciel gris pour moi c'était le Nord.

Plein de chauds souvenirs, je regardais la pluie :
Ainsi l'oiseau, venu de l'Orient, s'ennuie
Sous ses barreaux, cherchant le rêve et le sommeil,
Et frissonne, vêtu des couleurs du soleil.

Moi je cherchais en vain la Provence chérie ;
Je regardais les toits, les arbres, la prairie,
Mais les toits se dressaient anguleux pour laisser
Plus aisément la neige et les frimas glisser,
Mais l'eau faisait tout noir le tronc blanc du platane,
Mais l'herbe était trop verte et la rive trop plane ;
Il me manquait la plante ardente, le ciel clair,
Les toits plats au soleil, les monts hardis, la mer,
Et parmi tout cela, plus que les autres choses,
La maison paternelle entre les lauriers-roses.
J'y pensais, j'en rêvais du matin jusqu'au soir,
Et quand venait la nuit, dans le vaste dortoir
Dont les lits réguliers semblaient des tombes blanches
Hélas ! moi qui n'avais ni jeudis ni dimanches,
Le front sur l'oreiller, les yeux tout grands ouverts,
Je revoyais l'enclos plein de citronniers verts,
Pierre, mon compagnon, parmi les chaumes grêles,

Conduisant un troupeau de maigres sauterelles,
Pour houlette à la main tenant un long fétu,
Et mon chien nous léchant quand je l'avais battu...
Comme je regrettais alors — on peut en rire —
L'affreuse cage à poule où j'apprenais à lire !
Pour être près de ceux que je ne voyais plus,
Dieu sait alors combien de livres j'aurais lus !
Ah ! comme je fondais en larmes ! tristes veilles !
Nuits telles que depuis je n'eus pas les pareilles !
Gros soupirs ! longs sanglots étouffés sous les draps !
Quelle femme m'eût vu sans me tendre les bras !

Et quand le lendemain je récitais Virgile,
Où l'on voit sur les rocs bondir la chèvre agile
Qui mord à belles dents les ébéniers en fleurs,
J'y voyais la Provence et je versais des pleurs.
Que de fois je troublai par mes larmes l'étude,
Si bien qu'enfin le maître, indulgent d'habitude,
Prenait sa voix sévère et me grondait un peu !
Il fallut à la fin me rendre mon ciel bleu,
Mes figuiers odorants, mes pins sur la colline,
Mes étés de cigale et ma terre saline.
Je les revis !... « Voici la prairie et le bois,
Les coteaux, les sentiers parcourus tant de fois....

Il semble que tout m'aime et vienne à ma rencontre!
Voici le pré, l'étang, puis le seuil qui se montre!... »

O mes petits amis, retenez bien cela :
Le jour où de nouveau mon aïeul me parla,
Où j'entendis sa voix me gronder, quoique tendre,
Certes je fus heureux (je crois encor l'entendre);
Mais depuis ce moment sont passés bien des jours,
Et, trop souvent absent, j'ai fait bien des retours!
Or, j'ai vu que le cœur n'a pas de jouissance
Plus grande qu'un retour après la longue absence,
Et j'ai compris surtout que s'il fait bon revoir
Le pays, quelque temps quitté pour le devoir,
Et la maison natale où rien ne nous oublie,
C'est lorsqu'on peut songer : ma tâche est accomplie.
Apprenez à porter l'exil et ses tourments;
Ne gaspillez jamais l'absence aux longs moments,
Car c'est elle qui fait les retours pleins de charmes.
La vie est un exil, faut-il la perdre en larmes?
Vivez en travaillant, si vous voulez qu'un jour
La mort même ait pour vous la douceur d'un retour.

LA LÉGENDE ENFANTINE.

MARCHAND D'ENFANTS.

— « Pinsons, fauvettes, bengalis,
Achetez des oiseaux jolis
Au pauvre marchand, bonnes âmes !
Achetez des fleurs, des oiseaux,
Et des petits enfants nouveaux !
Marchand d'enfants, messieurs, mesdames ! »

Le brave homme allait son chemin
Un grand panier dans chaque main,
Une hotte sur son échine.
On y voyait des enfants nus,
Et les fleurs, les oiseaux connus
De l'Angleterre jusqu'en Chine.

J'entendis la voix du marchand
Et je lui dis en m'approchant :
« Voyons les enfants, mon brave homme ;
Que d'enfants, d'oiseaux et de fleurs !
Combien celle-ci tout en pleurs,
Ou celui-là qui fait un somme ? »

— « Vous voulez celle où brille encor
De la rosée en perles d'or ?
C'est une rose du Bengale ;
Celui qui dort vient de si loin !
C'est l'oiseau bleu qui n'a besoin
Que d'un bon soleil de cigale. »

— « Je parlais, marchand, mon ami,
De ce bel enfant endormi,
Non de l'oiseau bleu qui repose ;
Je te montrais parmi tes fleurs
Cette petite fille en pleurs,
Et non l'eau du ciel sur ta rose ! »

— « Ah ! dit l'homme, choisissez donc !
Je vous demande bien pardon ;
J'ai fait bien des erreurs pareilles ;

J'ai quelquefois beaucoup perdu
Pour avoir ainsi confondu
Tous les trésors de mes corbeilles ! »

Alors moi je lui répondis :
« Les deux anges du paradis,
Combien coûtent-ils ? Je les aime. »
— « Tous deux, la rose et l'oiseau bleu,
Pour ces deux anges du bon Dieu
Fixez, dit-il, le prix vous-même. »

Comme j'emportais ces deux-là,
Le brave homme me rappela :
« On ne sait pas encor, madame,
Ce qu'ils sont, je vous avertis,
Lorsqu'on me les prend si petits,
Et qu'ils ont moins de chair que d'âme.

« Vous venez de me rappeler
Que j'ai le tort de les mêler,
L'enfant, l'oiseau, la fleur éclose ;
Les enfants y gagnent, je crois,
Mais les uns aux autres tous trois,
Se prennent toujours quelque chose.

« Vos deux petits ont pris aux fleurs
Leur beauté fraîche et leurs couleurs :
Peut-être se faneront-elles !
Et puis, — veillez avec grand soin ! —
J'en ai vu s'envoler au loin :
Quelquefois il leur vient des ailes ! »

— « Je vais leur donner pour prison
Mon cœur, brave homme, et ma maison,
Et je les nourrirai moi-même ;
Et, toujours fleuris de baisers,
Ils seront vite apprivoisés,
Les deux petits enfants que j'aime ! »

Et l'homme reprit en marchant :
« Achetez au pauvre marchand
Des jolis oiseaux, bonnes âmes ;
Achetez des fleurs, des oiseaux,
Et des petits enfants nouveaux !
Marchand d'enfants, messieurs, mesdames ! »

SAINT NICOLAS.

Il fait noir dehors : il neige, il bruine;
La bise de nuit tourmente les eaux.
Et saint Nicolas qui dans l'air chemine!...
— Comment dormiront en mer les vaisseaux,
Et dans la forêt les pauvres oiseaux? —
..... Et saint Nicolas, vieux grand-père,
Pourra-t-il porter, à travers les champs,
A mon sage enfant tout ce qu'il espère,
Et venir fouetter les enfants méchants?

Il fait noir dehors ; il vente, il bruine.
A l'intérieur, il fait chaud, bien clair ;
Dans chaque maison l'on rit et l'on dîne ;
Mais comment feront les vaisseaux sur mer,
Et saint Nicolas qui chemine en l'air?
Écoutez, c'est lui !... je crois que l'on sonne !
Les méchants enfants pâlissent encor ;
L'enfant sage ouvrit : ce n'était personne,
Que le vent de nuit dans le corridor.

Il fait noir dehors ; il neige, il bruine ;
Comment dormiront les oiseaux des bois?
Et saint Nicolas, vieux, courbant l'échine,
Mes pauvres enfants, — je vous plains ! — je crois
Qu'il ne pourra pas venir cette fois !
Les méchants enfants font meilleur visage,
Mais la porte s'ouvre, et saint Nicolas :
— « J'apporte un jouet pour toi qui fus sage ;
« Des verges pour vous qui ne l'êtes pas ! »

Il fait noir dehors : il vente, il bruine....
— « L'enfant est méchant, mais l'enfant est mien.
« Ne point pardonner de la part divine,
« Grand saint Nicolas ce n'est pas très bien !

« Il est si joli, mon petit vaurien ! »
Leur mère ainsi parle et la joie est grande,
Et le père, ôtant perruque et manteau,
Fait au plus méchant de toute la bande,
Mais au plus petit, le plus beau cadeau !

LA LÉGENDE DU CHEVRIER.

Comme ils n'ont pas trouvé place à l'hôtellerie,
Marie et saint Joseph s'abritent pour la nuit
Dans une pauvre étable où l'hôte les conduit,
Et là Jésus est né de la Vierge Marie.

Il est à peine né qu'aux pâtres d'alentour,
Qui gardent leurs troupeaux dans la nuit solitaire,
Des anges lumineux annoncent le mystère.
Beaucoup sont en chemin avant le point du jour.

Ils portent à l'Enfant, couché sur de la paille
Entre l'âne et le bœuf qui soufflent doucement,
Des agneaux, du lait pur, du miel ou du froment,
Tous les humbles trésors du pauvre qui travaille.

Le dernier venu dit : « Trop pauvre, je n'ai rien
Que la flûte en roseau pendue à ma ceinture,
Dont je sonne la nuit quand le troupeau pâture :
J'en peux offrir un air, si Jésus le veut bien. »

Marie a dit que oui, souriant sous son voile....
Mais soudain sont entrés les mages d'Orient ;
Ils viennent à Jésus l'adorer en priant,
Et ces rois sont venus guidés par une étoile.

L'or brode, étincelant, leur manteau rouge et bleu,
Bleu, rouge, étincelant comme un ciel à l'aurore.
Chacun d'eux, prosterné devant Jésus, l'adore ;
Ils offrent l'or, l'encens, la myrrhe, à l'Enfant-Dieu.

Ébloui, comme tous, par leur train magnifique,
Le pauvre chevrier se tenait dans un coin ;
Mais la douce Marie : « Êtes-vous pas trop loin
Pour voir l'Enfant, brave homme, en sonnant la musique ?

Il s'avance troublé, tire son chalumeau
Et, timide d'abord, l'approche de ses lèvres ;
Puis, comme s'il était tout seul avec ses chèvres,
Il souffle hardiment dans la flûte en roseau.

Sans rien voir que l'Enfant de toute l'assemblée,
Les yeux brillants de joie, il sonne avec vigueur ;
Il y met tout son souffle, il y met tout son cœur,
Comme s'il était seul sous la nuit étoilée.

Or, tout le monde écoute avec ravissement ;
Les rois sont attentifs à la flûte rustique,
Et quand le chevrier a fini la musique,
Jésus, qui tend les bras, sourit divinement.

LA FLEUR DE MARIE.

La Vierge est inclinée et, d'une main adroite,
Assise sur sa chaise, elle brode en rêvant.
Le petit Jésus dort dans son berceau mouvant.
On peut voir le lointain par la fenêtre étroite.

La neige couvre tout, arbres, toits et chemins.
Voici. Bien avant l'heure où son Enfant s'éveille,
Marie a dans les prés cherché la fleur pareille
A celle qu'elle brode à présent de ses mains.

Elle a cherché la fleur en plein hiver fleurie;
Mais comment la trouver? La neige était dessus.
Or c'est Noël, le jour où nous est né Jésus.
« Que donner à l'Enfant? » s'est demandé Marie.

Et de son voile fin elle a pris un lambeau ;
Elle a cherché longtemps, assise sur sa chaise,
Pour broder à l'Enfant une fleur qui lui plaise,
Sa plus jolie aiguille et son fil le plus beau.

Elle a pris de ce fil comme elle en file encore,
Teint de mille couleurs qu'un souffle fait changer,
Dont elle livre au vent parfois un brin léger
Qui s'accroche en avril aux rayons de l'aurore.

Et maintenant, assise, elle brode en rêvant
Sur le lambeau du voile une fleurette blanche ;
Près de la fleur ouverte un bouton clos se penche ;
La tige verte plie et tout semble vivant.

Quelle grâce a la fleur si blanche et si petite !
Mais ce travail fragile était presque achevé
Quand un malheur, Jésus-Marie ! est arrivé :
La Vierge s'est piquée en travaillant trop vite.

Une goutte de sang, rouge et pure, coula,
Faisant sur la corolle une tache vermeille....
O Madame Marie ! Et l'Enfant qui s'éveille !...
Il faut donner la fleur telle que la voilà.

De voir la fleur si blanche il s'est pris à sourire;
D'y voir la marque rouge il s'est mis à pleurer;
Mais sachant bien quel sang vient de la colorer
Tout de suite il l'aima plus qu'on ne saurait dire.

Et vite, vite, aux mains de sa mère, il la prit,
Et sur-le-champ la fleur, odorante et plus belle,
A cause du sang pur qui fleurissait en elle,
S'anima sur sa tige, et le bouton s'ouvrit.

LA MORT DES FLEURS.

Oubliant ses oiseaux en cage et sa poupée,
A l'or de ses cheveux mêlant des boutons d'or,
Tout le jour au soleil la petite échappée
Cueillit des fleurs, toujours des fleurs, encor, encor.

Dans le parc merveilleux qui lui semble un royaume,
Elle court en chantant : Je suis Reine de Mai!
Puis furtive, gagnant sa chambre qu'elle embaume,
Elle jette les fleurs sur son lit parfumé.

La lune l'éclairait, perçant les hautes branches,
Et l'enfant, au moment de s'endormir, crut voir
Toutes les fleurs, bluets et lys, roses, pervenches,
Par terre et sur son lit doucement s'émouvoir.

Or, toutes lui parlaient : « Pourquoi, lui disaient-elles,
Avoir tant moissonné de fleurs en un seul jour?
Il ne fallait cueillir qu'un bouquet des plus belles :
Mais à présent, tu vas te flétrir à ton tour ! »

— « Hélas ! l'enfant de l'homme est cruel quand il joue,
Dit la rose, maudit soit-il à peine né !
Ma mort fera pâlir mes couleurs sur ta joue :
Dieu te reprend mon sang que je t'avais donné. »

L'enfant avait la fièvre et, dans un lent vertige,
Elle entendit un lys qui perdait sa fraîcheur
Lui dire, se dressant à demi sur sa tige :
« A ton front transparent je reprends ma blancheur. »

Et le coquelicot : « Moi la pourpre à ta lèvre. »
Le bouton-d'or : « Et moi l'éclat de mon or pur
A tes cheveux. » — « Et moi dans tes yeux pleins de fièvre,
Dit le bluet mourant, je reprends mon azur. »

Des soupirs s'exhalaient des corolles fanées :
« Nous remportons vers Dieu, disaient toutes les fleurs,
Les grâces du printemps que nous t'avions données,
Ton âme et nos parfums, ton corps et nos couleurs ! »

Corolles, fermez-vous : les paupières sont closes!
Et vous avez fini, dans ce monde mortel,
Vous, ô lys, d'être blancs; vous, roses, d'être roses,
Et votre âme odorante est remontée au ciel.

LES ENFANTS DANS LES BOIS.

Un jour, il arriva ce conte en Angleterre.
Au milieu d'un jardin sillonné de ruisseaux,
Un riche et grand château s'élevait solitaire.

Le jardin plein de fleurs était peuplé d'oiseaux.
Les châtelains avaient deux enfants, une fille,
Un garçon, John et Jane, aussi sages que beaux.

Deux beaux enfants! C'était une heureuse famille.
Les deux petits jouaient entre eux de cent façons
Jusqu'au soleil couchant, de l'heure où l'aube brille

Comme ils aimaient les fleurs et les nids des buissons,
Leur joue avait gardé la fraîcheur de la rose,
Et leur âme d'oiseau la gaîté des pinsons.

Après souper, le soir, il faut qu'on se repose :
Leur mère les mettait dans leur petit lit blanc
Et chantait auprès d'eux ; la chambre était bien close.

Quelquefois, les malins petits faisaient semblant
De n'avoir pas sommeil afin d'entendre un conte ;
Ils aimaient ceux surtout qu'on écoute en tremblant.

Il est si bon d'avoir de ces peurs qu'on surmonte,
Lorsqu'après tout on a bien chaud dans sa maison,
Et que la mère est là qui veille, en fin de compte !

Mais on n'est pas toujours à la belle saison :
Après l'été, l'hiver ; quand on a ri, l'on pleure.
Cela ne se sait bien qu'à l'âge de raison.

Tôt ou tard, jeune ou vieux, il faut que l'homme meure ;
Un jour on habilla John et Jane de noir,
Et chacun parlait bas dans la vieille demeure.

Adieu les bons baisers du matin et du soir,
Les trots et les galops sur les genoux du père !...
Adieu ce père aimé qu'on ne doit plus revoir !

John a frappé du pied ; Jane se désespère.
Mais leur mère ? Ah ! Dieu bon ! les pauvres orphelins !
La mère est morte aussi ! Les voilà seuls sur terre.

Et les fleurs ont pleuré, les oiseaux les ont plaints ;
Mais ils n'ont pas trouvé d'amis parmi les hommes.
Or, quelqu'un voudrait bien avoir leurs coffres pleins ;

Quelqu'un voudrait avoir leurs vergers et leurs pommes
Leurs greniers et leurs blés, leurs effets précieux,
Tout l'héritage enfin qui vaut de grandes sommes ;

C'est un oncle inconnu, très avaricieux,
Qui vient un beau matin, sévère, et les emmène
Sans les baiser au front ni leur sécher les yeux.

Ils s'en vont tous les deux dans un autre domaine
Où les fleurs, les oiseaux ne les connaissent pas,
Près d'un vieillard dont l'âme avare est inhumaine.

Le vieux s'est dit bientôt à lui-même, tout bas :
« J'aurais, s'ils étaient morts, leur trésor sans partage,
Au lieu qu'ils font ici leurs quatre bons repas.

« Je trouve qu'on a faim plus qu'un homme à cet âge,
Et deux enfants me sont trop coûteux à nourrir :
Ils mourront, et moi seul j'aurai tout l'héritage. »

Il paye alors quelqu'un pour les faire mourir ;
Il en charge un méchant qui les prend, les caresse,
Et qui leur dit : « Venez jouer, venez courir ! »

Ainsi parle cet homme avec beaucoup d'adresse ;
Il leur promet des fleurs et des oiseaux des bois.
Il les prend par la main, marche vite, et les presse.

Ils étaient tout contents d'abord ; mais plusieurs fois,
Voyant qu'ils s'arrêtaient un peu pour prendre haleine,
L'homme leur dit : « Marchez ! » de sa plus grosse voix.

Ils marchent, et voici qu'au milieu de la plaine
Ils entrent, un peu las, dans la grande forêt,
Dans la forêt, de fleurs et d'oiseaux toute pleine.

C'est là que l'homme avait promis qu'il les tûrait,
Mais il les vit si beaux qu'il n'eut pas ce courage
Et n'osa les frapper du couteau déjà prêt.

Il les laisse s'asseoir un moment sous l'ombrage,
Sous le parfum des fleurs et sous les nids chantants....
Or, c'est vrai qu'on a faim très souvent à leur âge :

« J'ai faim ! » lui disent-ils tous les deux sanglotants.
— « Je vais chercher du pain, dit l'homme qui les laisse,
Attendez-moi. » Tous deux attendirent longtemps.

Ils attendent longtemps que l'homme reparaisse ;
Du côté de la ville il s'est mis en chemin ;
Il ne revint jamais.... Songez quelle détresse !

La nuit s'avance. Alors, s'étant pris par la main,
Perdus dans la forêt qui fait de longs murmures,
Ils vont, craintifs, muets, songeant au lendemain.

Ils ont cueilli pourtant, ils ont mangé des mûres,
Et leur bouche et leurs doigts si roses sont noircis
Du bon jus qu'elles ont lorsqu'elles sont bien mûres.

Ils ont cueilli des fleurs malgré leurs gros soucis;
Mais quand la nuit est noire ils pleurent en silence
Et, leurs fleurs dans la main, tous deux se sont assis.

Tandis que le vent noir souffle avec violence,
Ils songent au doux bruit que faisaient leurs berceaux,
Et toute la forêt bourdonne et se balance.

A voir fléchir au vent, près d'eux, les arbrisseaux,
Ils ont peur! Cependant sur les plus hautes branches
Dieu connaît tous les nids où tremblent les oiseaux.

Sans lâcher leurs bouquets faits de fleurettes blanches,
Ils s'enlacent l'un l'autre avec leurs petits bras,
Et pensent dans cette ombre au soleil des dimanches!

Il revint, le soleil! — Eux ne le virent pas.
Même ils n'avaient pas vu cette nuit toute entière;
L'herbe ne devait plus porter leurs petits pas.

Leurs corps n'auront jamais de tombe au cimetière;
Seulement, les voyant couchés, sourds à sa voix,
Embrassés, une larme encore à la paupière,

Et leurs bouquets flétris pressés entre leurs doigts,
Le Rouge-Gorge, avec des brins d'herbe qu'il cueille,
Recouvre les deux corps perdus au fond des bois,

Comme il ferait son nid, brin par brin, feuille à feuille..
Quand ils ont vu cela, les anges ont souri ;
Rien ne peut arriver qu'un Dieu bon ne le veuille ;

Et les nids ont chanté, les fleurs ont refleuri.

LE ROUGE-GORGE.

Pic ! pic ! pic ! — « Qui donc frappe à la vitre ? Ecoutez ! »
Les coups vibraient toujours, fins et précipités ;
Pic ! pic ! pic ! —Un grand feu dans la pauvre chaumière
Par intervalles jette une vive lumière
Sur la table où, devant de bons plats réchauffants,
Un bûcheron, sa femme et ses petits enfants,
Arrêtant leur dîner, regardent la fenêtre.
A travers les carreaux on ne voit rien paraître ;
On peut seulement voir qu'il neige, et tout est blanc.
Pic ! pic ! — Le plus petit, qui regarde en tremblant,

S'écrie : « Oh ! moi, j'ai vu, c'est un oiseau qui frappe !
— Ouvrons, dit le plus grand ; qu'il entre, et je l'attrape ! »
On ouvrit la fenêtre à l'oiseau du bon Dieu.
On ouvrit. Un oiseau vola devant le feu
Qui flambait, grésillant comme un brasier de forge.

« Eh ! mais, je te connais ! c'est donc toi, Rouge-Gorge ?
Voilà même longtemps que nous nous connaissons,
Dit l'homme ; que de fois tu m'as dit tes chansons,
Quand j'étais seul au bois, suant à ma besogne :
Oui, femme, il vient alors, et pendant que je cogne,
A grands coups, le vieux tronc des sapins que j'abats,
Lui, dans l'arbre à côté, sur les branches d'en bas,
Il me regarde, il chante, et sa voix m'encourage.
Il se rapproche encor si j'interromps l'ouvrage.
Quand je reviens le soir, que de fois il me suit
D'arbre en arbre et me quitte ici près, à la nuit....
Il connaît la maison.... Regardez comme il neige !...
Il est juste à présent que moi je le protège.
Tiens, mange, chauffe-toi, petit, et bois un coup !
N'est-ce pas, Rouge-Gorge, on se connaît beaucoup ? »

Mais le petit oiseau ne pouvait pas répondre,
Tant il était resté dehors à se morfondre.

A présent, réjoui de voir un feu bien clair,
Il se chauffait à l'aise en oubliant l'hiver,
Et, comme les oiseaux frileux en ont coutume,
Il s'était mis en boule en hérissant sa plume
Qu'il lustrait proprement de son joli bec fin,
Et tous, pour le mieux voir, oubliaient d'avoir faim.

Quand il eut pris chaleur et fini sa toilette,
Tournant et détournant, deci, delà, sa tête,
Il examina bien la chaumière et les gens,
Et comme ils avaient tous des airs encourageants,
Le Rouge-Gorge alla se poser sur la table....
Une miette de pain lui parut acceptable
De la part des enfants qui n'osaient respirer ;
Puis, sans gêne, il se mit à boire, à picorer,
Allant par petits sauts de l'une à l'autre assiette.
Un enfant, d'une main lui présentant sa miette,
Voulut de l'autre main le prendre brusquement,
Mais l'oiseau, plus malin, partit au bon moment.
Chacun vit bien pourtant qu'il n'était pas farouche....
Les mieux apprivoisés n'aiment pas qu'on les touche.
Bref, tous, jeunes et vieux, paraissaient si contents,
Que pendant plus d'un mois, tant qu'il fit mauvais temps,
Mangeant, buvant près d'eux, il demeura leur hôte.

Le soir, il s'endormait sur la huche un peu haute,
Tête sous l'aile ; à l'aube on entendait sa voix ;
Enfin il se laissa caresser plusieurs fois.

Hélas ! vint le beau temps. La fenêtre étincelle.
Pic ! pic ! pic ! — « Qui donc frappe ? Ah ! du bec et de l'aile
C'est toi qui du dedans heurtes la vitre, ingrat !
Tu veux partir ! »

      Alors, c'est à qui le prendra.
Il faut voir vers l'oiseau ces mains d'enfant tendues !
Et ce bruit, ces regrets ! ces larmes répandues !
La mère laisse faire et le père est sorti ;
Et l'aîné croit tenir l'oiseau qui s'est blotti ;
Lorsque le père, entrant, s'écria : « Qu'on le laisse !
Vous êtes forts, méchants petits, de sa faiblesse !
Mais que diriez-vous donc si des hommes très grands
Vous gardaient malgré vous et malgré vos parents ?
Le Rouge-Gorge, un soir, est venu de lui-même :
Il est libre ! Après tout, vous savez s'il nous aime ;
Et puis, je suis bien sûr que nous nous reverrons
Tous les deux…. Vous aussi, qui serez bûcherons. »

Il ouvrit la fenêtre et, hors de la chaumière,
L'oiseau, poussant un cri, vola dans la lumière.

On en parla souvent, on y pensa toujours.

Or, on était au mois des fleurs et des amours,
Lorsqu'un soir (on voyait par la croisée ouverte
Un ciel bleu sans nuage et la forêt bien verte)
Dans la pauvre maison la famille dînait ;
Et tout à coup s'élève un chant que l'on connait !
« C'est lui, je le vois ! — Où ? — Sur la huche, regarde !
— Ils sont deux, dit la femme ; ils sont deux, Dieu me garde !

— N'est-ce pas naturel ? répliqua le mari ;
Nous l'avons, cet hiver, logé, fêté, nourri :
Il vient nous réjouir de sa plus belle gamme,
Et, comme il a son nid, il amène sa femme. »

Le père avait raison de s'expliquer ainsi,
L'oiseau chanta longtemps pour leur dire merci,
Car en avril sa voix est plus vive et plus nette.
Il pétillait, gonflant son cou, dressant la tête,
Ouvrant son bec mignon, d'un grand trouble agité,
Et sa petite femme était à son côté....

Le chant fini, tous deux volèrent sur la table.

Nul des enfants, alors, ne trouvait regrettable
D'avoir lâché l'oiseau qui partit vers les bois....
Car c'était si joli d'en voir deux à la fois !

LE JOUET DE GÉANT.

En Alsace, le burg Nideck fut habité
Jadis par des géants, à ce qu'on m'a conté;
Mais ce temps est fort loin. La montagne est déserte
Qui jadis s'élevait de leur château couverte,
Près de la chute d'eau qui va roulant vers l'Ill.
Quand j'y passai : « Le burg Nideck, où donc est-il ? »
Disais-je, et nul ne put répondre à ma demande....

Or ces géants formaient la race la plus grande.

Toute petite encor, leur fillette, une fois,
Descendit la colline et, traversant le bois,
En quelques pas gagna le vallon, pour connaître
Comment tout le pays de là-bas pouvait être ;
Et, sautant par-dessus des arbres élevés,
Arriva près d'Haslach dans les champs cultivés.

Allant, venant, creusant les sillons avec peine,
Charrue, hommes, chevaux travaillaient dans la plaine,
Et l'enfant s'inclinait bien bas pour les voir mieux,
Jamais pareil objet n'ayant frappé ses yeux.
Tout lui semblait nouveau, même le paysage.
Elle considérait l'effort de l'attelage,
Les plus menus détails de l'étrange appareil,
Surtout le soc poli qui luisait au soleil.
Quel jouet ! Et l'enfant, s'étant agenouillée,
Soudain : « Je me le prends ! » dit-elle émerveillée.
Et passant aussitôt la main sur le sillon,
Comme un de nos enfants qui pourchasse un grillon,
Elle prit à la fois chevaux, charrue, et, leste,
Mit dans son tablier les hommes et le reste.
La fillette courut alors vers sa maison.
A l'endroit où le pic qui ferme l'horizon
Est si droit qu'un marcheur, le plus hardi, s'arrête,

Elle ne fit qu'un pas qui la mit sur la crête.

Elle trouva son père à table, qui buvait.
Le bon vieux demanda d'abord ce qu'elle avait :
« Que m'apportes-tu donc? D'où nous vient cette joie?
Comme tu ris! » — Alors, pour que son père voie,
Elle entr'ouvre à demi son tablier bouffant ;
Et le vieux, qui veut voir, se penche vers l'enfant :
« Je ne distingue rien. Qu'as-tu là qui frétille?
— Ah! père, quel jouet! dit la petite fille,
Je n'en ai jamais eu d'aussi beau! tu verras! »
Et dans le tablier plongeant son petit bras,
Elle en tira les gens, les chevaux, la charrue.
Sa joie à les revoir était encore accrue,
Et, sur la table, aux yeux de son père surpris,
Quand tout fut mis debout, l'enfant, avec des cris,
Battit des mains, sautant comme on fait à son âge,
Tout autour de la table où courait l'attelage.
Mais le père était grave. Il dit : « Écoute un peu
Le paysan n'est pas pour qu'on en fasse un jeu.
Un jeu! celui qui fait le pain et qui le sème!
Rapporte où tu l'as pris l'objet à l'instant même,
Et bien vite! » L'enfant pleura, mais le vieillard
Poursuivit, lui jetant un sévère regard :

« Obéis sans un mot... Tout géants que nous sommes,
Que deviendrions-nous sans le travail des hommes !
Le paysan n'est pas pour notre amusement,
La souche des plus fiers sort des champs de froment. »

DOULA DOULITCH.

« Où s'attarde Doula Doulitch, mon cher Doula,
Et pourquoi mon enfant chéri n'est-il pas là?... »
— « Comme le fruit, il faut, mère, que l'enfant croisse
Et se détache.... » — Inna, le cœur saisi d'angoisse,
Se jette sur le sol et tord ses blanches mains.

Lui pourtant s'en allait bravement par chemins;
Il va vers la forêt avec un grand courage;
Il marche hardiment et, comme il sait son âge,
Il se dit : « J'ai trois ans déjà, trois ans, ma foi !

Pourquoi jouer toujours comme un enfant? pourquoi
Rester à la maison près de ma mère? En route!
On dit la terre grande et je veux la voir toute,
Et même voir encor ce qu'on trouve au delà! »

Il sortit de Mourom, lui l'enfant, lui Doula.
Tout le long de l'Oka, voyez comme il va vite
Dans la sombre forêt de trembles qui s'agite.

Il va dans la forêt de Mourom, lui l'enfant,
Et là, voyant un ours, jette un cri triomphant;
Il jette un cri de joie! « Eh! toi, je vais te prendre,
L'ourson, pour compagnon de jeux. Tu peux m'attendre:
Mon compagnon de jeux, tu le seras, mon cher! »
Un! il l'atteint. Deux! trois! le prend, le lance en l'air
A dix aunes, peut-être à des hauteurs plus hautes!
Le petit ours tombant se rompit plusieurs côtes;
Mais, se levant agile, il lécha les deux mains,
Les deux pieds de l'enfant qu'il suivit par chemins.

Plus loin parut un loup. — Il fit un cri de joie,
L'enfant! un cri joyeux: « Eh! toi, loup, qu'on te voie!
Je t'aurai! Tu seras mon compagnon de jeux. »
Un! il l'atteint. Deux! trois! l'attrape, et, courageux,

Fourre son petit poing dans la gueule sanglante,
Jusqu'au fond! Il cria d'une façon dolente,
Le loup; le jeune loup se plaignit comme il faut;
Ses yeux montrant le blanc se tournèrent en haut,
Et sur son museau gris des larmes en coulèrent.
Sur le bras de l'enfant les larmes ruisselèrent;
Le louveteau plaintif râlait en étouffant,
Mais il ne mourut pas, car le petit enfant
Retirant son poing, lui, le loup, reprit haleine;
Puis il lécha le poing de l'enfant, et sans peine
Il le suivit et fut son compagnon de jeux.
Plus loin parut un aigle. — Il fit un cri joyeux,
L'enfant! un cri de joie! « Eh! toi, tu peux m'attendre !
Pour compagnon de jeux, l'aigle, je vais te prendre. »
Un! il le mit à bas de l'arbre; deux! saisit
Sa queue, et trois! sur l'aigle, à son aise, il s'assit.
Bien plus! il voulut prendre avec lui sur la bête
Ses deux autres amis, et, la chose étant faite,
A son aigle inquiet voici comme il parla;
Il dit ces mots à l'aigle effrayé, lui, Doula :

« Eh! toi, l'aigle! à présent, par-dessus les nuages
Emporte-nous tous trois, monte toujours, toujours,
Par-dessus les cités, les clochers et les tours;

Fais-nous voir de là-haut beaucoup de blancs villages.

« Monte, plane au-dessus de beaucoup d'arbres verts,
De fleuves et de lacs, de beaucoup de mers bleues ;
Va jusqu'au bout du monde et plus loin de cent lieues !
A la lune et plus loin, plus loin que l'univers !

« Monte jusqu'au soleil et plus loin que l'aurore,
Jusqu'aux astres du ciel qui s'en vont le matin,
Et lorsque tu seras au ciel le plus lointain,
Aigle, il faudra monter mille verstes encore ! »

LES TROIS ORPHELINS.

Ils sont trois orphelins, puisque la mère est morte.
Elle est morte, la mère, et voilà qu'on l'emporte.
Les trois petits enfants, ne pouvant plus la voir,
Se sont mis à pleurer du matin jusqu'au soir.
« Qui me fera la soupe à présent ? dit le père ;
Jamais une maison sans femme ne prospère. »
Il dit, et les enfants ont vu, pleurant plus bas,
Son autre femme, — hélas ! — qu'ils ne connaissent pas.
Oh ! les pauvres petits ! La femme acariâtre
Les battit sans sujet : c'était une marâtre.

La mère a bien laissé, pour qu'ils n'aient jamais faim,
Du pain blanc ; au grenier, du blé,—toujours du pain,—
Et de l'huile-à-brûler dans la lampe de cuivre,
Trois berceaux en osier, tout ce qu'il faut pour vivre,
Des draps qu'elle a filés, et trois beaux coussins bleus
Pour couvrir en hiver leur petits pieds frileux.

Mais la marâtre, ayant gardé leur blé, les laisse
Presque mourir de faim et tomber de faiblesse !
Elle leur prend la lampe en cuivre — qui reluit,
Et les laisse avoir peur, seuls dans l'ombre, la nuit ;
Elle a pris les draps blancs, et pris comme le reste
Les trois beaux coussins bleus,—couleur d'azur céleste.

Ils couchent sur la paille ; ils souffrent des grands froids ;
Ils ont soif, ils ont faim ; ils pleurent tous les trois.
Or le plus jeune a dit un jour de sa voix douce :
« J'ai faim ! »

    Alors la femme en colère le pousse ;
Il tombe !... Le plus grand s'en vient le relever :

« Notre mère est partie, allons la retrouver,
Dit-il, je sais l'endroit : c'est une grande pierre.

Allons voir tous les trois ma mère au cimetière :
Elle nous donnera du pain. »

        Les trois petits,
Se tenant par la main, sont aussitôt partis.

Au milieu de la route, à leurs regards se montre
Le bon Dieu Jésus-Christ qui vient à leur rencontre.
Il est en blanc. Sa barbe et ses beaux cheveux longs
Entourent son visage et sont si fins, si blonds,
Si purs, qu'on les dirait faits de rayons d'aurore ;
Mais les cils sont plus beaux et plus divins encore,
A cause du regard qui rayonne au travers.
Jésus sourit. Il vient aux enfants, bras ouverts.

« Dites, où courez-vous tout seuls sur cette route,
Mes anges, si petits? Parlez, Dieu vous écoute.

— Nous allons retrouver notre mère là-bas,
Au cimetière.

     — Eh bien, retournez sur vos pas,
Je vais vous l'envoyer, mes anges, tout à l'heure. »

Ils retournent alors, mais aucun d'eux ne pleure :
Sûrs de revoir leur mère, ils sont déjà contents.

Jésus, au cimetière, a dit pendant ce temps :

« Va nourrir tes enfants ; relève-toi, Marie !

— A toute heure j'entends le plus jeune qui crie,
Seigneur, mais je suis là sans pouvoir me lever !
Et mes enfants ont faim !

      — Va, cours les retrouver...
Je te donne sept ans de forces et de vie. »

La mère se redresse, étonnée et ravie ;
Elle va retrouver ses trois enfants joyeux ;
Elle essuie en pleurant les larmes de leurs yeux,
Brosse leurs vêtements et lave leur visage,
Les soigne tour à tour, chacun suivant son âge,
Et puis dit à l'aîné, sitôt qu'il n'a plus faim :

« Va me chercher ton père ! »

      Et dit au père :

        « Enfin,

Me voici ! Qui m'a fait revenir en ce monde ?
Le blé que j'ai laissé — dans tes greniers abonde,
Le froment du bon Dieu pour faire le pain blanc,
Et mes petits ont faim ! Et la nuit en tremblant
Ils pleurent, seuls dans l'ombre, et leur voix me rappelle.
La lampe que j'avais laissée, où donc est-elle
Alors ?... Tu vas mentir quand tu me répondras !
Ils ont froid, mes enfants ! et les berceaux, les draps,
Les coussins bleus ? — Hélas ! ils n'ont plus rien ! en sorte,
Malheureux, que leurs cris ont fait venir la morte !...
Ta femme et toi, partez ! rendez-nous la maison ! »

L'homme ne répond rien, sachant qu'elle a raison.
On n'a revu ni lui ni la femme méchante.

Et près des trois enfants le soir, la mère chante.
Ils dorment dans les draps qu'elle a filés pour eux ;
La lampe est allumée ; ils ont leurs coussins bleus.

Mais sept ans sont bientôt finis. Le temps va vite.

— « Mère, pourquoi pleurer ?

— Il faut que je vous quitte.

— Non, ma mère, écoutez comme ce sera beau :
Nous vous suivrons tous trois, l'un portant le flambeau,
L'autre l'encensoir d'or comme en portent les anges,
L'autre le livre ouvert pour lire les louanges,
Et tous ensemble ainsi, vers Dieu qui nous attend,
A travers le ciel bleu nous irons en chantant ! »

LE PETIT PEUPLE.

A Madame Emily Naegely.

LE PETIT PEUPLE [1].

Derrière nous, vieux peuple, hommes faits, les adultes,
Foules aux fronts plissés, pieds lourds, cœurs alentis,
Qui troublons nos cités de cris et de tumultes,
L'Enfant vient, l'Avenir, le peuple des petits.

[1] Strophes lues dans le concert annuel de la Société protectrice de l'enfance, à Marseille, le 25 mars 1879.

Toi le blessé d'hier, ô grand peuple de France!
Qui traînas ta douleur par de si noirs chemins,
Songe à ce peuple enfant qui porte l'Espérance,
Le Renouvellement dans ses petites mains.

Ce n'est que par ses fils qu'un peuple peut renaître :
Tu ne refondras pas tes cœurs ni tes cerveaux,
Mais ces petits enfants, si l'on veut, peuvent être
Des hommes plus heureux et des Français nouveaux.

Qu'ils sachent notre histoire et notre expérience
Sans trop goûter pourtant à notre cœur amer,
Et que, pleins de savoir, forts avec patience,
Ils montent, — réguliers et beaux comme la mer !

C'est pourtant le possible et l'espoir, que ces rêves
Nos erreurs, ils pourraient ne les imiter pas ;
Nos maux, les ignorer !... — Ah ! soleil qui te lèves,
Sois doux à nos bourgeons quand tu les mûriras.

Ainsi, le sein troublé d'une attente infinie,
Parlent les peuples vieux qu'a déçus le passé ;
Ils espèrent la force, et — qui sait ? — le génie,
Fleur d'abord, fruit plus tard, en ces bourgeons pressé.

O terre du soleil, France, sœur de la Grèce !
Toi qui sur tes coteaux connais la vigne en fleurs,
Toi qui sais quel trésor de force et d'allégresse
Contient la grappe pleine, orgueil des travailleurs,

Tu sais, tu sais aussi quel frisson d'épouvante
Nous glace jusqu'au sang quand s'élève ce cri :
« Le printemps a trahi la terre ! Il gèle, il vente ;
Les bourgeons sont brûlés... la vendange a péri ! »

Eh bien ! c'est la vendange et la fleur de ta race,
O peuple ! qui périt sur un point du vieux sol ;
C'est la naïveté, c'est la candeur, la grâce,
L'avenir ! que la Mort effleure de son vol !

Au fond de nos cités, — ô femmes, ici-même ! —
Plus d'un de ces petits, plein d'un secret futur,
Ferme languissamment, sur un sein qui les aime,
Son œil plein d'inconnu, de promesse et d'azur !

La misère les rappe.... Un ange noir les touche....
Ils meurent, en crispant bien fort leur frêle main ;
Leur œil bleu se ternit ; l'angoisse est sur leur bouche....
Ce qui périt en eux aujourd'hui, — c'est Demain !

C'est l'inconnu : Demain ! C'est Demain : l'espérance !
Ah ! détournons ce vent de misère et de pleurs,
Et donnons tous, donnons l'avenir à la France !
Ce que nous sauverons, c'est la Patrie en fleurs.

AUX ENFANTS DE FRANCE.

AUX ENFANTS DE FRANCE.

O chers petits enfants de ce pays de France,
Fleurs par qui l'arbre existe et se voit rajeunir,
Doux comme un bien présent, beaux comme l'espérance,
O petits! qui portez tout le grand avenir!

O nouveau-nés! ô chairs transparentes, si roses!
Lourds fruits de vie au sein des mères suspendus!
On voudrait vous donner toutes les belles choses;
On désire pour vous tous les bonheurs perdus.

Nul n'a dit quel baiser fait frémir votre bouche,
Quel mot la fait sourire aussi quand vous dormez,
Ni ce que vous pressez, — plus fort si l'on vous touche, —
Dans vos deux petits poings par le sommeil fermés.

Eh bien, vous souriez au ciel, comme l'aurore ;
Vous mordillez la fleur du songe et de l'amour ;
Et ce que vous gardez à deux mains, c'est encore
L'invisible rayon pris aux sources du jour.

Fils des hommes, si beaux de n'être pas des hommes,
Nous caressons en vous ce rêve merveilleux :
Que vous pourriez grandir meilleurs que nous ne sommes,
En gardant tout l'éclat divin dans vos yeux bleus !

Nous nous disons : Voici les fils de notre race,
Mais d'un cœur si nouveau, tellement innocent,
Qu'une fraîcheur d'air pur vient à qui les embrasse !...
— Oh ! s'ils restaient ainsi ! purs, tout en grandissant !

Et pourquoi pas ! qui sait ! si nous tentions l'épreuve,
En instruisant leur vie à s'exempter du mal,
De commencer en eux cette humanité neuve
Où le Réel sera le fruit de l'Idéal !

.... Et nous renouvelons le monde, dans un rêve,
Par l'enfance durable au cœur de l'homme mûr!...
— Mais l'aspiration vainement nous soulève :
L'esprit ne peut rester naïf, ni le cœur pur.

O chers petits amis, vous qui croissez si vite,
Rappelez-vous du moins le rêve des aînés.
Humanité touchante, encor blanche et petite,
Monte! Deviens très grand, peuple des nouveau-nés!

En sauvant tes splendeurs d'ignorance première,
Veille, dors, deviens fort de l'esprit et des bras;
Monte comme le lys, tourné vers la lumière,
Peuple né des vaincus, toi qui triompheras.

Enfants! nous faiblissons! venez à la rescousse!
Vos aînés, les vaincus, vous disent en pleurant,
Votre mère en pleurant vous dit de sa voix douce :
Petit peuple français, vite, au secours du grand!

— « Et comment? nous n'avons que nos livres d'école,
Nos cahiers griffonnés, la plume et l'encrier?... »
— Que faut-il à l'oiseau, des ailes, pour qu'il vole?
Et que faut-il de plus qu'un livre à l'écolier?

Peuple des écoliers, qu'ennuie un peu ton livre,
Rien au monde n'est beau que notre rêve écrit,
Sache-le, — sache encor que l'Alphabet délivre,
Et que la force tombe où veut passer l'Esprit !

Sache tenir, s'il faut, un sabre de bataille,
Mais studieux le soir, actif dès le matin,
Sache bien qu'un enfant qui veille et qui travaille
Prépare au monde entier sa gloire et son destin !

TABLE

LA
CHANSON DE L'ENFANT

PREMIÈRE PARTIE.

AUX MÈRES.

LES BERCEAUX.

	Pages.
C'est lui la poésie . . . . , ...	5
Le poème de la Mère.	9
Encore divins	13
Les Berceaux	15
Aux Berceaux	17

Berceuse 19
Chant de Nourrice. 23
A une Mère. 25
Fille ou Garçon 29
Détachement 33
Éloignement. 37
Le Nid 41
L'Abri. 43
La mère Nature. 47
L'Enfant vénitien 49
Pour les garder. 53
Oiseaux captifs 55

FIGURES D'ENFANTS.

La Reine de Mai 59
L'Heure des enfants 61
Les Enfants des grèves 65
Croquis 69
Blanche 71
Valentine. 75
A la petite Marie 79

A mon petit ami Pierre-Paul David d'Angers. 83
A mon petit ami Noré. 87
Colin-Maillard. 91
Le Grésil. 93
A Brighton. 95
La fenêtre ouverte. 99
Nous sommes sept. 101
Sur un tombeau 105
La Mère. 107
Les deux Lyres. 109
Le grand-Père. 113

SECONDE PARTIE.

AUX ENFANTS.

IMPRESSIONS D'ENFANTS. SOUVENIRS.

Intérieur. 119
Le Chaume. 123
Ce qu'a fait Pierre. 127

La mort de Raphaël. 131
La Forêt. 135
La Leçon de lecture. 139
Le Pays merveilleux. 143
Le Panier du goûter. 145
La Fin du monde. 147
Gagner son pain 151
La Mort. 155
Le Mal du pays 159
Premier exil. 165

LA LÉGENDE ENFANTINE.

Marchand d'enfants. 173
Saint Nicolas 177
La Légende du chevrier. 181
La Fleur de Marie. 185
La Mort des fleurs. 189
Les Enfants dans les bois. 193
Le Rouge-Gorge 201
Le Jouet de géant. 207

Doula Doulitch. 211

Les trois Orphelins 215

LE PETIT PEUPLE.

Le petit peuple. 223

AUX ENFANTS DE FRANCE.

Aux Enfants de France. 229

Paris. Imp. Deurbergue, boulevard de Vaugirard, 113.

www.ingramcontent.com/pod-product-compliance
Lightning Source LLC
Chambersburg PA
CBHW070627170426
43200CB00010B/1930